Chiru Sakura

日系カナダ人 母と娘の旅路

人種差別と強制収容を越えて

グレイス・エイコ・トムソン（著）
杉万 俊夫（訳）

家族と友人たちに捧ぐ

両親（錦濱寅三郎・サワエ）の思い出とともに

contents

訳者まえがき

本書は、グレイス・エイコ・トムソン著「Chiru Sakura（散る桜）…母と娘がたどった人種差別・強制収容・抑圧の旅路」（Caitlin Press、二〇二一年）の翻訳である。本書の舞台はカナダ。カナダと言えば、英語とフランス語の両方を公用語とする多文化主義の国というイメージがある。その多文化主義こそ本書のテーマである。さらに言えば、カナダが「白人のカナダ」から多文化主義の国に脱皮したのはごく最近であり、その脱皮の過程で日系人の苦難と反人種差別運動があったこと、それこそ本書のテーマである。

本書は三部構成になっている。以下、その概略を述べておこう。

第Ⅰ部は、戦前から戦中・終戦まで。

日本人を含むアジア系民族に対する差別があるにもかかわらず、多くの日本人がカナダに渡った。著者グレイスの父も、そして母も青年期にカナダに渡った。新婚生活をスタートした地は、バンクーバーで先人が切り開いたコミュニティ「パウエル街」。当時、誕生したばかりのグレイスは、幼少期をパウエル街で送った。パウエル街は、「人種差別される人間が身を寄せ合って何とか生きのびる空間」そのものであった。

しかし、その空間の存在をも許さぬ事態になった。すなわち、第二次世界大戦の勃発である。日系カナダ人は、「敵性外国人」になった。敵性外国人が集住する地域、パウエル街の存在など言語道断。バンクーバーの日系カナダ人は、同じ州内（ブリティッシュコロンビア州）ではあるにしても、山岳地帯の辺境に設定された収容地に強制移住させられた。

グレイスの家族が強制移住させられたのは、ミント地区。ゴールドラッシュ時代には栄えた地区だったが、今やゴーストタウン。その掘っ立て小屋に居住し、父は出稼ぎ、母は農作業で何とか生きのびた。しかし、住民は皆、バンクーバーから来た日系カナダ人。貧しいながらも隣人コミュニティが保たれた。

日本の敗戦がほぼ確実になった一九四五年春、カナダ政府は分散政策を発表。日系カナダ人は、かつてバンクーバーで「集住」したのとは異なり、ロッキー山脈以東に「散住」することが要求された。グレイスの家族は、カナダ中央部マニトバ州の農村部に移住。低賃金の農作業で生きのびた。

第Ⅱ部は戦後の約半世紀。

終戦から約四年後、日系カナダ人にも市民権が認められた。移動も自由になった。グレイスの家族は、西海岸への帰還ではなく、マニトバ州の州都ウィニペグに住む道を選択した。西海岸に帰っても、家も財産もなく、職の当てもなかったからだ。

グレイスは高校生、そして社会人に。両親、姉とともに家計を助けた。一九五九年、グレイスはアリステアと結婚。アリステアは上流階級の息子だった。

「自分は何者なのか」、これがグレイスの自らに対する問いかけになる…自分はカナダ人なのか日系人なのか、自分は上流階級なのか下層階級なのか。この問に答えを見出すために、グレイスは子育てや家事に優先して、大学入学の道を選ぶ。

一方、両親はカナダでの出発の地、バンクーバーに戻った。しかし、父、姉、弟が相次いで他界。二〇〇二年、母も亡くなった（享年八九歳）。

第Ⅲ部は、母没後のグレイスの思い出である。

グレイスは、「自分は何者なのか」という問に答える道をアート（芸術）に見出した。とくに、マイノリティ（少数民族）が自らの歴史と文化に捧げる芸術的姿勢に強く共鳴。

それは、彼女自身の「日系カナダ人」としてのアイデンティティを大きく揺さぶった。彼女は、日系カナダ人博物館の発足に運営委員／キュレーターとして奮闘、日系カナダ人コミュニティの発展に身を捧げた。

本書は、「母の手記」と著者グレイスの文章を交互に積み重ねながら進展する。いずれの手記も、プライベートな経験に基づいている。同じ出来事に対しても、双方が異なった見解を述べた箇所も多いが、その世代間ギャップが本書の妙味とも言えよう。

ただ、一方、とくに第Ⅰ部と第Ⅱ部については、社会全体の動向を見渡す鳥瞰図的な解説も有用と思われる。そのような鳥瞰図的で簡潔な解説については、たとえば、和泉真澄氏の著作「日系カナダ人の移動と運動―知られざる日本人の越境生活史」（小鳥遊書房、２０２０年）を参照されたい。

まえがき

母の手記

一九九七年三月一日
私は、現在八四歳。息子ケンジ、二人の娘エイコとケイコの三人に見守られながら老人ホームで暮らしている。日々、過去の記憶が薄らいでいく。そこで、残しておきたい記憶を書きとどめることにした…とりわけ、第二次世界大戦中、どのような生活を送り、どのような経験をしたかを。

【以上、母の手記】

ある日、私が母の住む老人ホームを訪れた時のこと、母は、「日誌」と題した緑のノートを私に見せた。最初のページを開いて、「ここ、読める?」と尋ねた。それは、一九九七年三月一日の日付で始まる日記のように見えた。最初のページを大きな声で読んだ。母は、ニコッとして言った、「よしよし、このレベルで書き進めよう」。そして、そのノートを急いで片づけた。
何が何だか分からなかった。母は何も説明しなかったが、日本語の文章を私が読めるかどうかを確認していたのは、間違いなかった。今にして思えば、「回顧録」の書き出し部分だった。それを私に英訳してもらい、私の弟や妹にも読んでほしかったのだ。
数年が経った頃、母は、あのノートを私に手渡しながら言った、「書き上げたわ」。なぜか、それ以上は言わなかった。母は元気だったたし、二人は、毎日のように会っていたので、それ以上の言葉は必要なかった。私は、

母サワエ（右）と著者グレイス（左）
バンクーバーにて（一九八〇年撮影）

ノートをパラパラとめくり、脇に置いた。その時、頭をよぎった、「私は、過去を見つめるのを避けようとしているのかしら？　そのとおりだ」。

それから数年経つか経たないうちに、母の健康状態が悪化していった。私たち二人は、過去について語り合うようになった。そうするうちに、私が、回顧録の戦中・終戦期に登場する母と同じ年齢になろうとしていることに、はっと気づいた。「あのノートを急いで読み返そう。それに、当時の私自身の記憶も今一度思い出してみよう」当時の私は、幼少期、青年期。日本生まれの気丈な母と、頑固だったけれども最終的には母に従順だったカナダ生まれの娘。二人の間には争いが絶えなかった。当時は生きるのが困難な時代。二人は、複雑な関係をもちつつも困難な時代を生きのびた。

二〇〇一年の春、母は、骨粗鬆症が原因で背骨を骨折、バンクーバーにあるマウント・セント・ジョゼフ病院に入院、ペイン・コントロールとリハビリを受けることになった。その頃、母の自宅は、コマーシャル通りのキンズメン高齢者用アパート「アダナック・タワー」にあった。そこには、日系カナダ人の高齢者が数人住んでいた。

母の入院中、二人の息子のうちの次男（私の弟）のケンジが、長らく患っていた肺がんで死亡した。母は、葬儀に列席しようと、がんばって身支度しようとしたが、もはやかなわなかった。長男のトヨアキは一九八三年、夫（私の父）トラサブロウは一九八五年に亡くなった。ケンジは、私が一九九四年バンクーバーに戻るまで、母の面倒を一人で見ていた。とても親切で思慮深かった。毎日母に電話をし、その日のニュースや天気予報を知らせ、外出してもよいかどうかをアドバイスしていた。

その後、母は退院、一旦アパートに帰ったが、ほどなくベッドから落ち、再び病院に戻らざるをえなくなった。母は自立心に富んでいた。深夜、他人の助けが欲しい時でも、朝まで一人でがんばった。病院のベッドから私に電話があった、「もうアパートに戻るつもりはない。老人ホームに空きが出るのを待つわ」。幸いにも、ほどなくドイツ系カナダ人が多く入居している老人ホームに空きが出た。「ここに入るわ。以前、このホームにいる人を訪ねたことがあるけど、とてもいいところだった」、と母ははっきり言った。

周りから説得されてようやく老人ホームに入った高齢者の話も聞いていたが、母はまるで違っていた。「もうアパートに戻る気はまったくないから、きれいさっぱり片づけてくれ」と言い、ほんの少しだけ保存する物品を指示した。

私の妹ケイコがウィニペグ（訳注：カナダ中央部マニトバ州の州都）からやってきて、アパートから老人ホームへの引越しを手伝ってくれた。ベッドから母は二人に言った、「アパートのバルコニーに置いてあるプランターに注意してね。プランターの土を捨ててから処分するように」。

何のことを言っているのか、ちんぷんかんぷんだった。プランターなんかどうでもいいじゃないか？　でも、母が何かを命じる時には、少々議論にはなっても、最終的には従うのが常であった。今回もそうしていると、驚くなかれ、プランターの一つから折りたたんだ一万ドル分の紙幣が入ったビニール袋が出てきたのだ。「まさかの緊急事態に備えてとっておいたお金よ。今、必要なら使いましょう」と母は言った。

母の周到な準備のおかげで、ケイコと私は、引越しの寂しさを感じる間もなかった。プランターのお金のこと、亡くなった家族のことなど、冗談を交えて楽しい会話に花が咲いた。たとえば、母の所有物のうち宝石などの貴重品にはメモが貼り付けてあった。そのメモには、誰からもらったかとか、誰に譲るとか、が書いてあった。

母は、すぐに老人ホームの生活に溶け込んだ。ホームを訪ねるたびに、スタッフからハグされているのを目にした。とくに若いスタッフから。私は、正直、ホッとした。本来ならば、母を私の家に引き取らねばならない。そんな後ろめたさがあった。そのことを母と話し合ったこともあった。「もうこの話はやめましょう」、母は笑いながら言った。当時、私は、北バンクーバーに住み、バーナビー・アートギャラリーに通勤していたので、母の世話は無理だったのだ。

母には毎日電話をして体調を聞いた。週に一度は食事を共にし、必要であればいつでも老人ホームに出向いた。

一つだけ心配なことがあった。それは食事だった。ドイツ系カナダ人の多い老人ホームだったので、日本食、とくに手作りの日本食に飢えるのではないか。しかし、母は、そんなことは意に介していなかった。ある日、母を、バーナビーの日系人街にある日本食レストラン「元気」に連れて行った。「ご飯がちょっと固いわね」。ご飯のことではなく、日頃、日本食が食べられない軽い不満の表れでは？　その足で、日系人街にあるサクラ荘という高齢者アパートに行った。そこには、ハラさんという母の友人が住んでいた。アパートを見て回って、「ちょっと大きすぎるわね。部屋ごとに、洗濯機、乾燥機、ストーブがあるなんて、今の私には必要ないわ」。日系人街を訪れて数週間後だっただろうか、ハラさんが急逝したとの連絡があった。

母と私は、週に一度、コマーシャル通りの寿司レストランで昼食を食べた。老人ホームからも遠くない。鍋焼き丼、寿司、刺身を堪能した。母には、十分な日本食だった。そもそも私たちの家族は、日本食ではなく洋食を食べていた。父は、結婚の数年前からカナダに移住し、カナダ太平洋鉄道が経営するホテルで働いていた。そこで、洋食の味をしめ、自ら料理もするようになった。父は、私たちに、いろいろな洋食を教えてくれた。

今にして思えば、母は独居に満足していたのではなかろうか。母は、いつも読書と執筆に忙しそうだった。老人ホームに移ってからは、テレビドラマも見るようになった。おそらく、読書で目が疲れた時に見ていたようだ。しばしば、「彼がこうした、そしたら、彼女がこうした」といった類いの話を私にした。私には、その「彼」

や「彼女」がメロドラマの誰であるかが大体理解できた。そんな会話をしながら、「母は、どの程度英語がわかるのだろう」と思ったことがある。母が英語を使う時には、いつも重要な単語をいくつか並べるだけである…もっぱら私の通訳を期待して。

老人ホームの不満を漏らすことも時々あった。でも、「じゃあ、私がスタッフに説明しておくわ」と言うと、「やめといて。自分で何とかするから」と母は断るのだった。もちろん、それでどうなったのか心配ではあったが。

母は、二〇〇二年に八九歳で亡くなった。ケイコと私がホームの部屋を片づけていると、机の中にたくさんの紙片が残っていた。その紙片には、日本語の単語とその英訳が書き込まれていた。父が残した多くの辞典で調べたのだろう。母は、誇り高き、そして自立心の強い人間であった。

母が亡くなるまで、私は「回顧録」の英訳に着手していなかった。あらためて「回顧録」を熟読するうちに、同じ時代や出来事についても、母と私の世代間ギャップがあることを痛感した。「回顧録」に書かれた私の幼少期と青年期は、母との戦いの日々であった。意気投合もすれば喧嘩もした。確執を乗り越えて、何とか生きてきた。家族の一人一人が、各自の解決を見出しながら生きてきた。次章からは、その道のりを書き記すことにしよう。

第Ⅰ部

戦前・戦中・終戦

第一章　出自

回顧録の冒頭、母（山本サワエ）は、自らの出自を以下のように書いている。

母の手記

私は、一九一三年一月一四日、三尾（みお）村、現在の和歌山県美浜町三尾で、父、山本フクマツと母シオジ・エイ（シオジは旧姓）の二女として生まれた。その一年後に、三女ヒデヨが生まれた。父は、母の姉妹に私とヒデヨの養育を頼んだ。母の実家は、三尾から五里（約二〇キロ）離れた印南（いなみ）にあり、母の姉妹も印南の実家に住んでいた。母は、両親、そして、私たち二人に会うために、しましば実家を訪れ、二人の子どもが寝入ってから、そっと実家をあとにした。私は、朝起きて母がいないのに気づくたびに、母を捜し回り、母がまたいなくなったと泣いた。涙を流す私を慰めてくれたのは、サシ叔母さんだった。

一九二〇年、七歳の時、三尾小学校に入学、六年後には高等女学校に進んだ。

私には、三歳上の姉がいた。姉は、いつも図書館から最優秀賞をもらっていた。一方、私は、修身や算数の科目別優秀賞をもらっていた。小学校と高等女学校を通じて、ずっと、スズリ賞とタチ・カミ賞をもらった。

私の母は、三人の娘を産んだが、男子には恵まれなかった。これを冷ややかな目で見る人もいたが、母は、誇りをもってにこやかに卒業式に列席した。卒業式では、どの娘も受賞の栄誉に預かったからだ。

高等女学校を出ると、比井崎（ひいさき）村にある家事学校に行かされた。毎日、腰に弁当をくりつけ、三、四人のクラスメートと一緒に、産湯（うぶゆ）峠を登って産湯村を通り過ぎ、比井崎峠を越えて通学した。学校が終わると、先生の自宅で、茶道と生け花を習った。

その頃、私が住んでいる三尾に、いい家事学校ができたので、そこに転校した。生け花の先生は、週に一度、比井崎村からやってきた。

こうして高等女学校を出て二年が経った。その翌年、母は、裁縫を学ばせるために、私を和歌山市に連れて行った。和歌山市では、親戚の家で世話になることになったが、見知らぬ地に一人残され、とても寂しい思いをした。しかし、一所懸命がんばるうちに、いつしか和歌山市での生活にも慣れていった。ところが、一年ちょっと経った頃、母が病気で倒れたという連絡があり、自宅に帰った。三人の娘で看病したが、その甲斐もなく、母は亡くなってしまった。私が一七歳の時である。

父の意志によって、私は、父の遠い親戚夫婦に養子に出された。まだ会ったこともない親戚だった。親戚夫婦は、養子縁組に大層喜び、私を歓迎してくれた。でも、これは、つかの間の平和であった。


【以上、母の手記】

私は、母から母方の祖父母の話を聞いたことがほとんどない。多分、母方の祖母は、母が結婚する前に亡くなり、母方の祖父も母がカナダに移住して間もなく亡くなっていたからだろうか。あるいは、日本の習慣では、女性が結婚すると夫の家系の方が重視されるからかもしれない。

母が亡くなる一〇年くらい前だっただろうか、母の両親（私の祖父母）についておもしろい話を聞いたことがある。母が日本にいた頃の生活は、私の想像とまったく違っていた。

まず驚くべきことに、母たち三人姉妹は、祖父が再婚してからできた子どもだったのだ。祖父フクマツは長男ではなかったので、家督を相続できなかった。そのため、祖父フクマツは、味噌工場を営む山本家の娘（父親はすでに他界）と結婚することになった。つまり、祖父フクマツは、養子として山本家の跡継ぎになるはずだった。しかし、いざ山本家に行ってみると、夫を亡くした母親（結婚相手の母親）が祖父フクマツを自分の新しい夫にしようとした。その母親と亡き夫の間には、すでに二人の男の子があり、そのどちらかを、つまり自分と血の繋がった子を跡継ぎにしたかったのである。祖父フクマツは、そんな人間関係にうんざりしていた折も折、新大陸で一旗揚げたという人の話を耳にした。祖父フクマツは、味噌樽を蹴飛ばして、家を飛び出し、横浜まで歩き、船大工として船に乗り込み、カナダに向かった。

数年後、祖父フクマツはスティーブストン（ブリティッシュコロンビア州南西部の村）で魚漁をしていた。そこに、日本に置き去りにしてきた二人の男の子がやってきた。「母親が亡くなったのだな」と祖父フクマツは直感した。祖父フクマツは、二人を仕事につけ、自分自身は日本に帰った。帰国後間もなく、私の祖母と再婚。

ここで、祖父フクマツに関するエピソードを一つ紹介しよう。私は、数年前、ある人から「須知武士道漁者慈善團體三十五年史」という珍しい本を紹介された。一九三五年に出版された本。その本には、スティーブストンで漁業を始めた日本人の悪戦苦闘が記録されていた。ブリティッシュコロンビア西海岸とフレイザー川で漁業をするためにカナダに渡りたいと願う日本人は何百といた。その本は、そのような若者たちへの先駆者の遺産だった。その本の「まえがき」には、漁者慈善団体に参加したメンバーの一覧が記されていた。なんと、その一覧の中に、私の祖父、フクマツ・ヤマモト（一八九五年加入）の名前があった。

母の回顧録に戻ろう。機織機で布を織りながら祖母が言ったそうだ、「他の家の父親は何度もアメリカ（訳注：カナダのこと）に行っているのに、うちのお父さんはもうアメリカには行かないらしい。もしアメリカに行けば、今、私が織っているような生地ではなくて、本格的な西洋の生地の服を着せてあげられるのに」。

和歌山県、とりわけ三尾からの移住者については、多くの話がある。まずは、三尾から来たクノ・ギヘイ（工野 儀兵衛）。彼は、移住の先駆者であり、一八八八年にカナダに渡った。そして、三尾の村人たちに、フレイザー川が魚の宝庫であることを伝えた。

クノ（工野）の情報によって、三尾の男たちはこぞってカナダに渡った。私の父方・母方の祖父もカナダに渡った…「一攫千金の夢」をもって、そして、おそらくは好奇心も手伝って。カナダに渡った男たちの滞在期間は、それほど長くなかったが、男たちは自宅に多額の送金をした。彼らは、帰国する時、息子をカナダに残し、職につかせた。おかげで、三尾は繁栄し、「アメリカ村」として有名になった。（訳注：「アメリカ村」のアメリカは北米大陸のこと）三尾の村人は、洋風のライフスタイルを真似た。コーヒーを飲んだり、洋式の服を着たり、椅子のような洋式の家具を使ったり。片言の英語を交えて話す人もいた。もっとも、それは、日英語とでもいうべき「方言」だったが。

母は、カナダに来て以来、ずっと異母兄弟と親しい関係にあった。異母兄弟の息子（母の甥）は、母よりもわずか年上であった。私は、その一人でスティーブストンに住んでいたイワカズ・ヤマモト（山本岩一）に会ったことがある。彼は、母より一年前に亡くなった。その葬儀の時、彼が「スティーブストン武道愛好会」の創立メンバーの一人であることを知った。

母の回顧録を読んで、母が、生け花、茶道、裁縫、文芸に至るまで、すべての花嫁修業を完了していたことに驚いた。それには、祖父フクマツがカナダで成功したこと、また、祖父フクマツの息子二人が、結婚までの期間、多額の送金をしたことが関係している。

私は、長らく、若かりし頃の母について固定観念を持っていた。それは、両親と共に農作業に明け暮れていたのだろうという固定観念である。その理由は、私が母の育ちについて話を聞き、理解できるようになるまで、カナダでの毎日は過酷を極めていたからである。生け花、茶道云々などとは無縁の毎日だった。ただただ生きのびること、それだけだった。

母は、当時の多くの人たちと同様、毎日日記をつけていた。そのため、回顧録には、すぐ忘れてしまうような些細な出来事や人物が登場する。一方、父は日記はつけていなかったが、各種の個人情報を保存していた。たとえば、「大日本帝国旅券番号一七七六八三（大正一〇年五月）」（一九二一年五月一七日）。また、彼が初めてカナダに渡った日付（一九二一年五月二五日）や横浜港発のSSマニラ丸で出国したことが記された「第三級移民者識別カード」など。

私の父トラサブロウ（寅三郎）は、一九〇二年八月三一日、和歌山県三尾村に住むキチマツ・ヤマモト（山本吉松）とキヌ・ヤマモト（山本キヌ）の三男として生まれた。兄二人、妹一人の四人兄妹であった。次男コウノスケ（光之助）と父は、成人すると、ニシキハマ（錦濱）家の二つの家族の養子に出された。したがって、コウノスケと父は、それぞれ錦濱家に属する別の家督を相続することになった。

しかし、トラサブロウは、一九二一年のカナダ渡航時には、出生時の姓タグチ（田口）を使用している。その後、一九二七年四月七日、ビクトリア州で姓名変更手続きをし、ヤマモトに改姓した。

パスポートによれば、父が始めてカナダに渡ったのは一九歳の時だ。父は、義務教育を終えると、すでにブリティッシュコロンビア西海岸で漁業をしていた二人の兄に合流して、一緒に漁業をしたいと願っていた。ところが、カナダに渡ると、二人の兄が言った、「もしカナダにずっといるつもりなら、実用的な英語と現地の習慣を勉強しろ」。

そこで、父は、まずバンクーバーのある家庭で下男として働き、英語のイロハを覚え、次に、汽車でカナダを見て回れる仕事についた。おそらく駅の荷物運搬人あるいはホテルのボーイといった仕事をやったのだろう。ムースジョーに短期滞在し、最終的にはウィニペグに落ち着いた。（訳注：ムースジョーはカナダ中部サスカチュワン州南部の都市、ウィニペグはカナダ中部マニトバ州の州都）そう言えば、家族アルバムにあった写真のことを思い出す。その写真の一枚は、ウィニペグにあった「カナダ太平洋鉄道ロイヤル・アレクサンドラ・ホテル」のダイニングルームで撮られたもので、白い上着を着た父が二、三人の同僚とともに写っていた。その写真以外に、ゴルフズボンにニーハイソックスで、英国風ツイード帽をかぶり、笑顔でオープンカーに乗っている父と友人の写真もあった（当時の若者に流行のファッションだったのだろう）。「カナダで独身時代を謳歌していた」、それが写真から受けた父の印象だった。

一九五〇年、私たちの家族がウィニペグに移動した後、父から、「ムースジョーとウィニペグに日本人が移住し始めたのは一九二〇年代にまでさかのぼる」と教えられた。父がウィニペグにいた頃の知人にハリー・ササキさんという人がいた。彼と父は、その後、長年の友人となった（ササキさんは父より年長で、当時の日系移民には珍しく白人女性と結婚した）。他の友人に、タチバナさんという人もいた。彼は、家族でランプの傘を商うビジネスを行っていた。ナカウチさんという友人もいた。彼の娘、アリスは、のちにピアニストとして成功した。

父が二七歳の時、まだ自分の将来を真剣に考えていなかった頃、両親から帰国するようにとの手紙が来た。見合い話があるという。相手は、サワエという女性であり、写真が同封されていた。父が残したパスポートには、

「一九二九年一二月一〇日、トラサブロウ・タグチおよびサワエ・タグチ」と記されている。また、同じ日付でカナダへの帰化を認める書類もあった。父は、帰化番号六六五六五、姓ニシキハマで帰化が認められた。

この間の経緯を母は次のように語っている。

母の手記

一九二九年三月初め、カナダ政府と日本政府は、「見合い写真の女性」のカナダ入国を許可するという合意に達した。それで、ニシキハマ・トラサブロウは、私の写真だけをもって三尾に帰り、結婚式を挙げ、私本人と一緒にカナダに戻ることができた。

日本での結婚式を終えると、私たち夫婦は神戸港から「クイーン・オブ・カナダ号」に乗船した。その船には、たまたまエチオピア国王が乗船していたので、普通よりも一七日早くビクトリアに到着する予定であった。船上ではひどい船酔いで寝たきり。飲み食いなどできる状態ではなかった。やっとの思いでビクトリアに着いたものの、乗船していた密航者が海に飛び込んだらしく、サーチライトで海上探査が始まり、結局、上陸は一日遅れとなった。翌日、私たちは、スティーブストンに住んでいた義理の兄コウノスケ（夫の兄）の家にたどり着いた。

こうしてカナダでの生活が始まった。

コウノスケ兄さんの家は狭かったが、敷地は一・五エーカー（約六千平方メートル）もあった。母屋は寝室と居間に区切られており、離れには小さな寝室と台所があった。ほかに風呂と洗面所があった。

コウノスケ兄さんの家族は、子ども四人と夫婦の六人家族だったが、私たちが同居し始めて間もなく、六月

家族写真（一九三四年撮影）
父の膝の上がグレイス（著者）、母の前が姉キクコ。

に五番目の子どもが生まれた。それに続いて、八月には、義理の姉妹の兄弟ウエダ・ジツロウと妻ツヤコの夫婦がスキーナからやってきて、ツヤコさんが第一子を出産した。私は、毎朝、おむつの洗濯に大忙しだった。

私自身の最初の子、娘キクコは、一九三一年一一月二〇日に誕生した。その喜びもつかの間、私の父が一二月二五日に逝去したとの訃報が入った。

その後何年間か、夫はスキーナに通い、友人の鮭漁を手伝っていた。そんな中、大恐慌に見舞われた。私が日本で育った家庭は決して豊かではなかったが、両親の働きでそれなりの生活水準を維持できていた。「米の値段など気にせず生活できる。お前たちは幸せだ」と、父が言っていたのを思い出す。実際、日本では、食べ物の値段など気にすることはなかった。しかし、カナダでこんなことになろうとは…。

当時、パンひと山が五セント、卵一ダースが一五セントだった。しかし、少しでも安いパンを探さねばならなくなった。農家に雇われても賃金は時間当たり二五セント。しかも仕事は少なく、常勤者しか仕事にありつけなかった。

鮭漁の景気も悪くなった。夫がスキーナから帰宅する交通費すら私が送金せねばならなくなった。

長女が生まれて二年後、次女エイコが誕生した。

私たち家族は、依然、コウノスケ兄さんの家に間借りしていた。夫は、鮭漁のシーズンが終わると、タラ漁に出かけた。

この頃、白人の漁師、日系移民の漁師、先住民の漁師が共同で「タラ販売協同組合」を設立した。義理の兄弟、タグチ・カツタロウとニシキハマ・コウノスケも組合設立に参加した。夫も組合に買い付け人として雇用された。そのため、翌年夏、私たち家族はバンクーバーに引っ越した。バンクーバーで最初に住んだ家の住所はパウエル街五二二番地。

【以上、母の手記】

私は、父が勤めていたタラ販売協同組合についてもっと知りたいと思った。その組合は、最初ではないが、この種の組合では比較的初期に設立されたものであると聞いたことがある。ただ、いまだにそれを確証することはできない。

私たち家族は、弟トヨアキの誕生を機に、パウエル街五二二番地からアレクサンダー街五一〇番地に引っ越した。私は、子どもの頃、父が出勤するのをポーチから手を振って見送ったのを覚えている。父は、おしゃれだった。いつもフェドーラ帽にスリーピースのスーツ姿、鎖のついた時計をチョッキのポケットに入れ、しばしば靴の上にゲートルをはいていた。

ある週末、父が、私と弟を波止場にある組合のオフィスに連れて行ってくれた。カモメの大きな鳴き声、波止場に打ち寄せる緑色の海水。魚の計量に使う計りに乗せてもらって大喜びだった。これらは、父と過ごした楽しい生活の数少ない思い出である。間もなく、家族一人一人の生活が激変する。

第二章　パウエル街

母の手記

バンクーバーは便利なところだった。パウエル街とアレクサンダー街の二〇〇番地から五〇〇番地にかけては、日系カナダ人が経営する店舗がたくさんあった。内科、歯科、外科の病院もあった。とりわけ、婦人科のチカオ・ホリイ先生は有名だった。ホリイ先生の診療所はグランヴィル街七三六番地。魚市場も数箇所あったし、薬局、銭湯、多くのレストランもあった。フジ・チョップ・スエイは、電話一本で食事を配達してくれた。日本から来て英語が話せない私のような人間には、最新のニュースも伝えてくれた。

当時は、風呂のない家やアパートが多く、銭湯もたくさんあった。その頃、ヘースティングス街だったかパウエル街だったかよく覚えていないが、ワタナベさんという人が経営する美容院があり、私もよく行ったものだ。美容院では、電気コードにつないだピンに髪を巻き付け、電気でカールしていた。美容院では、いろんな噂話に花が咲いた。

この頃、夫の二人の兄は、妻と子どもを日本に帰した。それは、子どもに日本の学校教育を受けさせるためだった。一方、カツタロウ兄さん（夫の長兄）の息子タグチ・ヨシヨは、日本でヒヨコの雌雄鑑別ビジネスを学び、カナダにやってきた。カナダ到着後は、雌雄鑑別の熟練者ナカムラ・トオルさんが経営するストロベリーヒルにあるオーツキ養鶏場で働き始めた。カツタロウ兄さんは、毎週月曜、息子に会いにバンクーバーに来るようになった。また、スティーブストンで一人暮らしをしていたコウノスケ兄さんも、会議があるからと毎週月曜にバンクーバーに来ることになった。

この間、長女のキクコは日曜学校に通い始めた。また、日本人合同教会（ジャクソン通りとパウエル街の角にあり、現在は、バンクーバー仏教会になっている）の幼稚園に在籍していた。卒園後は、ストラスコナ小学校に入学、アレクサンダー街のバンクーバー日本語学校にも通った。日本語学校のタナカ先生とモトモチ先生には、とても親しくしていただいた。【以上、母の手記】

以上の母の手記に綴られた期間は、私の幼少期である。当時のわが家はアレクサンダー街にあった（今は、もうない）。階段を数段上がると小さな玄関ポーチがあった。ポーチを入るとメインルームで、来客を接待する居間とダイニングルームだった。来客があるたびに、私は丸テーブルの下に隠れたのを覚えている。その奥には、大きめの寝室が二つあった。一つは、両親と赤ん坊だった弟ケンジが使い、もう一つは、姉キクコ、弟トヨアキ、私の三人が使った。私たちが日常の食事に使うキッチンには、ストーブとアイスボックスが置いてあった（まだ、冷蔵

パウエル街にあった「フジ・チョップ・スエイ」の店舗

庫はなかった)。キッチンの奥には浴室があった。しかし、私は浴槽につかった記憶がない。おそらく、浴槽を使うことがなかったからだろう。当時、浴槽の中で石けんを使うなど、日本人には考えられなかった。浴槽の外で体を洗い、浴槽ではのんびりくつろぐだけというのが日本流だった。そのため、私たちは自宅の浴室は使わず銭湯に出かけていた。

母屋の一番奥には、鍵のかかるドアがあった。これは、建て増しが必要な場合に、母屋の奥に建て増しをするためであった。わが家の場合、母屋の奥に平屋のアパート三室を建て増していた…今だったら、二階建てにするところだろうが。クイーンズ大学のコバヤシ教授によれば、わが家のような家は「長屋」と呼ばれ、同じ敷地に他の家族が住めるようにする効率的な方法だったそうだ。(訳注:長屋は、通りに面した玄関の幅を極力狭くし、奥向きにひょろ長い構造、俗にいう「ウナギの寝床」のような構造をもつ家屋。)

わが家は、ジャクソン通りのすぐ近くにあった。すぐ近くに船乗り用の宿舎があり、バンクーバー日本語学校にも一ブロックの距離であった。わが家の前の通りの向かいには、カンコ(アメリカ・缶製造会社)があり、広い空き地を所有していた。その空き地は駐車場だったと思うが、多くのティーンエイジャーがローラースケートをしていた。それを憧れの目で眺めていた私は、スケーターのまねをしながらスケートを買って欲しいと、母に訴えた。そんな小学校にも行っていない子どもの訴えが通らないのは当然だった。

こんな思い出もある。小学生が、レッドジンジャー(しょうがで作ったキャンディ)をかみながら歩いていた。まだら模様に砂糖がまぶしてある。一度、誰かにひとかけらもらったことがあるが、今でも、それを思い出すと唾液が出てくる。しかし、母は、「子どもにはよくない」と買ってくれなかった。ところが、ある日、キッチンの引き出しに数枚のコインを見つけた。私は、コインを握りしめて、パウエル街の駄菓子屋に駆け込み、レッドジンジャーを買おうとした。しかし、いざお金を払う段になると、店員がいぶかしそうに私を見つめ、母に電話をした。店員は、私を慰めようとキャンディ（ジンジャーキャンディではないが）をくれたが、恥ずかしい思いをしながら家に連れ戻された。後に分かったことだが、コインは、米国で使用されていたタックストークンだったのだ。銀色のトークンの中央には、円形の穴があいていた。（訳注：タックストークンは納税済みを証明するコイン風のもの）当時、父は米国のシアトルに行くことが多く、（米国で使用するために入手した）トークンをキッチンの引き出しに投げ入れておいたのだろう。

私たち家族は、漁業と深いつながりにあった。叔父はスティーブストンで漁業を営んでいたし、父はタラ販売協同組合のオフィスに勤務していた。したがって、わが家の食卓のメインは魚だった。それを象徴するような話がある。小学校の午前の授業が終わり、一旦帰宅して昼食を済ませ、再び学校に戻った。私は、いつものように、友だちの後ろからそっと忍び寄って、彼女を手で目隠しした、「だれだ？」。でも私だとすぐにバレた。昼食で食べた魚の匂いが残っていたからだ。

以上は、子どもの頃の些細な出来事である。バンクーバーには一九四二年までいた。

現在では、私が育った当時のバンクーバーを知る人はほとんどいない。私たちが住んでいた地区は、英語をほとんど話せない日系移民によってパウエル街と呼ばれていた。両親は、単純に「パウエル」と呼んでいた。パウエル街は、後に、二世や三世によって「ジャパンタウン」と呼ばれるようになった。

ジャパンタウン（しばしばジャップタウンと呼ばれた）やリトルトウキョウ、あるいは、チャイナタウンにしても、外部の人々（たとえばメディア）による呼称である。そのような呼称によって、カナダ人ではく、外国人が多数を占めている地区が特定されたのだ。

当時、日系カナダ人の活動や事件のニュースは、通常、ローカル新聞で報道されていた。しかも、多くの場合、軽蔑的な表現が使われた。たとえば、一九二〇年代から三〇年代にかけて、バンクーバー・アサヒ野球チームが全国で最も人気あるチームに選ばれた時ですら、ローカル新聞のスポーツ面では、チームメンバーがカナダ人とは書かれなかった。チームメンバーは、日本人と書かれたり、ジャップ、ニッポンと書かれることが多かった。ジャップと言う言葉が軽蔑の言葉か、単なる短縮形かをめぐっては議論があろう（ある白人歴史学者は、私と出版記念の会合で会った時には、「単なる短縮形」だと主張していたが）。しかし、日系カナダ人に対する人種差別を考えれば、「ジャップには軽蔑の意味が込められている」と、私は感じている。

パウエル街に日系カナダ人居住者が集まった理由の一つは、ダンレヴィー通りの隅っこにあったヘースティングス製材所が、一九世紀後半にやってきた日系・アジア系移民を大量に採用したことにある。初期の移民は、大方独身者で、廃船で水上生活を送っていたが、その後に到着した移民は、先に到着した移民起業家が経営する下宿屋やアパートで共同生活をした。移民たちは、各地に散らばって、木材伐採、採鉱、漁業、缶詰作業に従事した。鉄道建設に携わる者もいた。しかし、彼らは一つの仕事が終わるとパウエル街に戻ってきて、次の仕事の契約に備えた。

一九〇七年、反アジア暴動が起こった。暴動の後、日本と英国の間に協定が締結され、日本からカナダへの移民は減ったが、その代わりに、日本在住の女性と結婚することが可能になった。つまり、男性日系カナダ人は、日本から送られてきた見合い写真だけを見て結婚を決め、妻をカナダに呼び寄せることができるようになった。もし妻に子どもがいれば、子どもがカナダに来ることもできるようになった。こうして、カナダに永住する日系カナダ人が増えていった。とくに、仕事を見つけやすいブリティッシュコロンビア西海岸に永住する日系カナダ人が増加した。

確かに、「見合い写真」による結婚は見知らぬ男女が結婚する効率的な方法ではあった。しかし、うまくいった話ばかりではない。男性が女性に送った写真が、実物とあまりにも異なっている場合もあった。また、男性の中には、女性を日本から呼び寄せたい一心で、年齢や経済力を偽る者もいた。カナダに渡り、男性に会って失望した女性は悲惨である。もう選択の余地はない。夫となった男性と暮らし、夫の仕事を手伝うか、あるいは、赤ん坊を背に缶詰工場で働いて家計を助けるしかなかった。最も悲劇的なケースとして、そもそも自宅が貧しいために日本に帰国することもかなわず、かといって夫との生活には耐えられないため、売春婦になった女性、さらには、自殺に追い込まれた女性さえいた。そのような悲惨な事例は、日本語新聞「大陸日報」に報じられ、その後、バンクーバーに滞在し日系カナダ人の生活を調査した工藤美代子という女性作家の著作にまとめられた。

一九〇八年頃までには、パウエル街は、自立したビジネス拠点になっていた。日系起業家の中には、経営基盤を拡大し、パウエル街の外でも店舗やビジネスを展開する者が現れた。たとえば、キツラノ社やノースショア社のように、工場と労働者を確保できればパウエル街の外で生産を行った。このような日系カナダ人の成功に警戒心を抱く人もいた。一例を挙げれば、トム・マクインスは、一九二七年の著作「東洋人によるブリティッシュコロンビア支配」の中で述べている、「当地で生まれ育ち、われわれの教育を受けた日本人や中国人が、バンクーバーの産業を牛耳ろうとしている。それは、ユダヤ人がニューヨークの産業を牛耳っているのと同じだ」。

「一九三一年にブリティッシュコロンビアで生まれた赤ん坊の八人に一人は日系カナダ人」、このような記事が、バンクーバー地方新聞（一九三二年一〇月四日）に掲載された。その記事は、一九三一年に一、三四二人の日系カナダ人ベビーが生まれたと報じている。私の姉もその中に含まれる。

ケン・アダチは、著書「存在しなかった敵―日系カナダ人の歴史」の中で次のように述べている、「日系カナダ人を敵視する先導者が見落としていることがある。それは、日系カナダ人の異常に高い出産率は、出産適齢期の女性が大量流入したことによる一時的な現象であるということだ。一九三一年にはピークを迎える。見合い写真のみによる結婚は、長くは続かないだろう」

一九三一年の人口調査によると、ブリティッシュコロンビアの総人口は六九四、二六三人。そのうちアジア系は五〇、九五一人。つまり、一三人に一人がアジア系である。当時、バンクーバーの日系移民は八、三二八人で、その半数がパウエル街とその近くに住んでいた。

一九四二年には、すべてのカナダ人に選挙権を与えようとする政党は、協同連邦党（CCF、のちの新民主党）だけであった。初期（一九〇〇—〇三年）の選挙権獲得闘争の先頭に立ったのは、起業家のトメキチ・トミー・ホンマ（本間留吉）だった。彼は、選挙権を与えられていなかった日系カナダ人やカナダ先住民のために立ち上がり、ブリティッシュコロンビア選挙法を改正する裁判闘争に挑んだ。ブリティッシュコロンビア地方裁判所、そしてカナダ最高裁判所でも勝訴した。しかし、それにもかかわらず、当時の最高決定機関であった英国枢密院司法委員会が、地方裁判所に最終決定権を委ねた結果、人種による選挙権の制限は維持されてしまった。

その後、第一次世界大戦が起こった。日系カナダ人もカナダのために命をかけて戦った。一九一六年、二二二人の日系カナダ人が海外兵役志願者リストに名を連ねている。彼らのうち五三人は戦死したが、残る人たちには、その人の生涯に限り選挙権が与えられた。日系カナダ人兵士の粘り強い努力によって、すべての日系カナダ人兵士に選挙権が与えられたのは一九三一年のことだった。

一九三六年五月、日系カナダ市民協会は、首都オタワの下院選挙法特別委員会に四名の代表団を送った。四名は、教師のヒデコ・ヒョウドウ、保険業のミノル・コバヤシ、歯科医のエドワード・バンノ、大学講師のS.J.ハヤカワであった。特別委員会のメンバーは、四名の流暢な英語に驚いたそうだ。しかし、日系カナダ人に選挙権を与えるか否かは、再び、ブリティッシュコロンビア州政府の決定に委ねられ、選挙権の付与は見送られた。

また、日系カナダ人のカナダへの忠誠を示す証拠として忘れてならないことがある。すなわち、第二次世界大戦中の一九四二年、家族や友人が敵国人として拘留されたにもかかわらず、二世の若者がカナダ兵となり、母国カナダへの忠誠を態度で示したことである。

最後に付け加えておきたいことがある。それは、戦争直後の一九四八年、アジア系カナダ人に連邦政府から選挙権が与えられたことである。翌一九四九年の州議会選挙で、日系カナダ人は初めて一票を投じることができた。

＊＊＊

私の両親は仏教徒として育てられたにもかかわらず、姉と私をコサブロウ・シミズ（清水小三郎）師の日本人合同教会の日曜学校に通わせた。教会は、ジャクソン通りとパウエル街が交わる角にあった。また、私たち姉妹は、その教会が支援する幼稚園に通い、資格を持った白人教師から英語で教育を受けた。両親は、若い移民として、私たちが英語で学校教育を受ける準備をしてくれていたのだ（この時点で、父は、一〇年以上カナダに在住しており、ある程度の英語はマスターしていた）。

同時に、私たち姉妹は、毎日、学校が終わると日本語学校（アレクサンダー街にあった）に通わされた。当時、まともな就職先は日系カナダ人の店や会社に限定されていたので、日本語が話せることは若い人にとって非常に重要だった。いかなる教育や訓練を受けていようとも、市民権を持たない日系カナダ人が（日系カナダ人の人脈とは無関係に）ビジネスのライセンスを得ることは不可能であった。

子どもの頃、両親とは日本語で会話をしていた。また、日本の親戚との交流もあった。とくに、祖母は、定期的に本やゲームのプレゼントを贈ってきてくれた。当然、お礼状は日本語で書いていた。

パウエル・グラウンドでは、定期的に野球の試合が行われた（パウエル・グラウンドは、現在、オッペンハイマー球場と呼ばれているが、それは、一九〇二年、バンクーバーの二代目市長デイヴィッド・オッペンハイマーによって開設されたからである）。一九一四―四一年、アサヒ野球クラブというチームがあった。そのチームには、一二歳以下の少年野球チームも含まれていた。アサヒ野球クラブは、所属するリーグの中で唯一、白人以外のチームであった（野球は、すでに米国人によって日本に紹介され、一九二〇年代には、日本人選手や日本人チームが米国やカナダを訪問していた）。

アサヒ野球クラブは、猛練習、忍耐力、スポーツマンシップを柱に、「頭脳野球」をするチームとして有名になっていった。最初の頃は、不公平な審判や相手ファンのブーイングに悩まされたが、「頭脳野球」でそれらを克服し、相手側のファンからも声援が送られるようになった。

野球以外にも、多くのレクレーション活動や趣味の活動が行われていた。格闘技、芸術・工芸、日本舞踊、邦楽など、多様な活動があった。大人を対象にしたものもあれば、子どもを対象にしたものもあった。

パウエル街には、さまざまな県の出身者が住んでいた。出身地が違えば、祝い事（お祝いのイベント）も異なる。今なお続いている祝い事もある。人々は、各自が話す方言によって出身地を認識していた。日本語学校の中にあった「日本ホール」では、さまざまな催しが開かれた。現地の役者による芝居、ゲストを招いてのコンサート等々。私は、両親に連れられて、日本の無声映画を見に行ったのを覚えている。日本ホールはコミュニティの集会場であり、また、日本からの来訪者を歓迎する場所でもあった。こうして日本との文化的・社会的・政治的つながりを維持することは、初期の日系カナダ人には極めて重要であった。彼らは、まだ十分に英語が分からなかったし、カナダ市民としての権利も得ていなかったからだ。

なぜ、パウエル街が移民一世にとって「郷愁の地」なのか。私は、長らく疑問に感じてきた。当時をざっと振り返るだけで、一世が郷愁（昔なつかしさ）に浸るほど、日々の生活が恵まれたものでなかったのは明らかだ。現時点での私の理解は、次のようなものである。一世たちにとって、パウエル街は「心の支え」ではないのか。貧困にあえがざるをえなかった日本を脱出して、大いなる夢を抱いてカナダに渡った。しかし、そこに待ち受けていたのは、差別と不平等という厳しい現実だった。その中で、一世の家族が、とにもかくにも安らぎを感じることのできる場所。それが、パウエル街という新しい「ふるさと」ではなかったのか。皆で豊かな生活を目指し、歯を食いしばってがんばる。自宅を手に入れる者、財産を蓄積する者、ビジネスに成功する者も現れた。そのような懐かしい思い出が込められた場所、それがパウエル街なのではなかろうか。

二世の若者には、一世にとってのパウエル街に相当する「郷愁の地」は存在しない。二世にとって重要なのは、日々の生活に満足することなく、よりよき明日を目指すことだけである。一世が移住に抱いたような「大いなる」夢は、もはや存在しない。確かに、学校教育は英国流の「公平」を強調する。しかし、その実現は、一世が移住に抱いた夢に比べれば「小さな前進」に過ぎない。そもそもカ

祭りで賑わうパウエル街

ナダ生まれの二世には、日本での生活など無縁である。自分たちは、本来的にカナダ人なのだ。しかし、一世には、まともな市民権（選挙権）すらなく、大学教育はおろか、それ以下の教育を受ける権利も十分には与えられなかった。すでに述べたように、法律、医療、会計、教育といった専門職につくには資格を得る必要があり、市民権の所有は、その最低条件なのだ。そうであれば、一世が、私の叔父のように、自らはカナダに残って仕事を続け、子どもは学校教育のために日本に戻すのは当然でもあった。

私の母（日本からの移住者）は、パウエル街について「懐かしい思い出」だけを語ってくれた。パウエル街は、母が夫とともに、大いなる夢を抱いて新婚生活のスタートをきった場所だからだ。アルバムをめくると、家族が増えた（つまり、子どもが生まれた）経緯が手に取るように分かる。アルバムの写真は、日本に住む両親や祖父母に子どもの誕生を知らせるニュース以上の意味があった。写真は、家族そろってカナダで「うまくやっている」ことを知らせるために撮られた。そして、新たに誕生した子どもを、和歌山県の戸籍に入れるために写真が撮られたのだ。

第三章

戦争の勃発

母の手記

一九三九年秋、孫に会いたいという義母の願いに応えて、長女のキクコを日本に行かせた。ちょうど日本に行く友人がいたので、一緒に連れていってもらった。キクコ以外の家族は、翌年日本に行き、キクコも一緒にカナダに帰る計画を立てていた。しかし、日中戦争が始まり、その計画は水の泡となった。（訳注：その結果、キクコは十年以上家族と離れ日本で生活することになった。）

一九四一年、日本軍がハワイ真珠湾を攻撃した。バンクーバーの日本語学校は即座に閉鎖。灯火管制がしかれた。夜間外出禁止令が出され、日没後の外出はできなくなった。窓から光が漏れている家があると、パトロール員がやってきて注意した。黒い布で窓を覆い、用心深く外をのぞき見ていた。

この頃、中国系の人たちは胸にバッジをつけるようになった。自分たちが日本人ではないことを示すためである。

冬の早朝、スキーナ川で漁業を営んでいたコウノスケ兄さんの義兄弟ウエデ・ジツオが突然やってきた。カナダ兵が何の予告もなしに来て、「即刻、漁船をバンクーバー港に移動せよ」と命じられたそうだ。それで、着の身着のままでバンクーバーにやってきたのだ。自分と同僚が何か温かいものを食べるお金を貸して欲しいとのことだった。

漁民たちは、海岸沿いに置いていた漁船をバンクーバー湾内に移動させた。そんなさなか、ある漁民が行方不明になった。海岸地域を探索しても見つからない。さまざまな憶測が飛び交った…移動中に事故にあったのではないか、米国方面に漂流しスパイ容疑で捕まったのではないか、など。数日後、彼は、高速船で自宅に連行されたという情報が入った。森井悦治の仲介で連邦騎馬警察の許可を得て、家族が病院まで面会に出かけた。しかし、彼は舌を切断され、話をすることができなかった。彼は筆談を頼んだが、誰も筆記具を持っていなかった。家族は、悔やんでも悔やみきれない気持ちだった。（森井悦治は、連邦騎馬警察と連携して日系カナダ人の強制収容を準備する一世・二世委員会のメンバーだった。）

おそらく、彼がカナダでの日系カナダ人戦争犠牲者の第一号であろう。彼は、オエ・アサコさんの夫だった。その夫婦には子どもが七人いた。そのうち長女チヨコだけが結婚していた。上に紹介した話をしてくれたのもチヨコである。チヨコの夫、サカイ・キヨシと私は、日本の三尾で小学校の同級生だった。戦後（一九四五—四九年）、私たちがマニトバ州のホワイトマスに移住した時、オエ夫婦と私の家族の家は隣同士だった。アサコさんは毎日のように私を訪れ、寂しそうに事件の話をしたものだ。

スキーナ川地域、バンクーバー島に住んでいた人々は、収容地に送られる前に、ヘースティングス・パーク仮収容所に集められた。私たち家族はバンクーバーに住んでいたので、そのまま自宅にいることができたが、週に一度はオーク通りの連邦騎馬警察オフィスに行き、居場所を報告する義務があった（カナダ政府の名簿に登録する義務もあった）。連邦騎馬警察オフィスの事務官が話す日本語がとても流暢だったのを覚えている。夫や私自身のようにカナダに帰化した者にはピンク色の登録カード、二世には白の登録カードが発行された。登録カードの表面には写真が貼られ、裏面には指紋、サイン、住所、職業、誕生日の欄があった。

ある日、合同教会のメンバーから、私たち家族は、どの収容地に行くのかと尋ねられたことがある。しかし、私は二月下旬か三月上旬に出産予定だったので、入院中、誰に家や家族の面倒を見てもらうかで頭がいっぱいだった。義兄のコウノスケ兄さんが、スティーブストンの自分の家に引っ越すよう言ってくれた。兄さんの自宅は病院（日本人漁者団体附属病院）のすぐ近くだったからだ。しかも、兄さんは、引越トラックが不足するのが目に見えているから、なるべく早く引っ越すように言った。私たちは、最終的にどこに移動するかなど考えるいとまもなく、ともかく兄さんに言われるとおりにした。

母サワエの登録カード

今にして思えば、最終的な目的地がどこであろうと、バンクーバーを去らねばならない運命にあった。ただ、あの時は最終的な目的地など考えもせず、コウノスケ兄さんに言われるままスティーブストンに引っ越した。二月二八日に引っ越し、とにかく家具を運び込み、三月一日、日本人漁者団体附属病院で娘ケイコ（末子）を出産した。

妊娠五、六ヶ月の頃、夜通し高熱に悩まされた日が続いたのを覚えている。ケイコを出産した後も、再び高熱に悩まされるようになった。医師のクワバラ先生が毎日午前中に来院して治療してくださった。先生は、氷の入った大きな袋を胃の上に置いた。二、三日すると熱が下がり、危機を脱し、二週間で退院することができた。当時は、まだ若く無知だったので、産褥熱がいかに危険な病気かも知らなかった。

退院して義兄の家に戻ると、なにしろ引っ越し直後に入院してしまったものだから、何もかもが運び込まれたままだった。義兄の友人たちが土足で家具を搬入したため、床は泥だらけ。今ならば男も家事を手伝うのが当たり前だが、当時はまったく違った。引っ越しの後始末も含めて、家事はすべて女の仕事だった。私が出産二週間後であることは男たちも分かっていたはずだが、私の状態など無視。私一人で後片付けをせざるをえなかった。

一人で、後片付けをがんばった影響は、二、三ヶ月後に収容地に移動してから出てきた。両手の血管が腫れ、膝とすねが痛み出し、ずいぶん苦労した。それらはじきに自然とおさまったが、出産後の適切なケアが大事なことをつくづく思い知らされた。

周囲の人たちは、砂糖大根の畑に雇ってもらおうか、政府の収容キャンプに入ろうか、それとも、農業自活収容地に行こうか、などと話していた。しかし、私は、なにしろ出産直後だったので、赤ん坊の世話に追われ、それどころではなかった。

スティーヴストンの日本人居住地
（戦争勃発後、家族はスティーヴストンの叔父コウノスケ宅に移動。その直後に末子ケイコが誕生。）

コウノスケ兄さんは、砂糖大根の畑で働くよりも、賃料を払ってでも農地を借りて自営することを主張した。当時、コウノスケ兄さんは、妻と八人の子どもを日本に戻し、一人暮らしだったので、最初から、私の家族とともに移動しようと決めていた。合同カトリック教会の人たちは、一緒にグリーンウッドかスローカン、あるいは、それ以外の場所に移動することを考えていると聞いた。

一方、タグチ・カツタロウ兄さん（コウノスケ兄さんの兄）も家族を日本に戻していた。彼は、私たち家族に合流し、食事を共にした。この間、夫は引き続きタラ販売協同組合に勤務、毎日、バンクーバーまで通勤した。ミヤモト・マンタロウさんとオウツ・ゲンジさん（共にスティーブストン漁者団体の設立者）は、私たち家族のよき友人だった。彼らは、今後の計画を相談しに、しばしばわが家にやってきた。彼らは、ミント鉱山（ブリッジ渓谷にあり、かつては金鉱だった）に移動することに決めていた。それで、コウノスケ兄さんの希望もあって、私たち家族もミントに行こうと決心した。ミントは、農業自活収容地だった。

カツタロウ兄さんの息子、タグチ・ヨシヨは三月中旬には自宅を出て、マニトバにあるハンブリー養鶏場で、ナカムラ・トオルさんとともにヒヨコの雌雄鑑別を始めようとしていた。ナカムラさん一行がマニトバに移動中、ナカムラさんの運転免許証が期限切れ間際だったため、レベルストークで連邦騎馬警察に止められ、一行のうち二人が逮捕、留置場に連行された。しかし、二人が持っていたカメラには怪しい写真はなかったので、一週間後には釈放された。そんな物騒なことも起こったので、カツタロウ兄さんは、自分の古いカメラと散髪用ハサミを私たちに預けてミントに向かった。散髪用ハサミは、カツタロウ兄さんが自分で自分の髪を切るのには役に立たなかったので私たちに預けたのだが、私にはとても重宝だった。私は家族（夫と息子二人、娘二人）の髪を切らねばならなかったから。

一方、カメラの方は、私たちの六、七回の移動とともに持ち運ばれ、最終的にはウィニペグの自宅に落ち着いた。私は、そもそもカメラに興味がないし、当時は、カメラを使う時間的ゆとりもなかったので、カメラのことなどすっかり忘れていた。ずいぶん後のこと、棚を見上げると何かが置いてあるのに気がついた。何だろうかと棚から降ろしてみると、あのカメラだった。それは、ジャバラを開いて写すタイプのカメラで、プロの写真家が上から黒い布をかぶせて使う種類のものだった。カツタロウ兄さんは、自分で撮った写真を自宅で現像していたそうだ。【以上、母の手記】

一九四二年の突然の強制退去は、同年六月二七日のニューカナディアン紙（一九三八年に日系二世によって発刊された英語新聞）に「コミュニティの生き血を抜き去る」という見出しで次のように報じられている…「パウエル街は、早くから日本人のコミュニティとなり、日本人の努力によって発展した。しかし、今や日本人は去り、見捨てられた孤児のようになりつつある」。

母は、回顧録の中で、カナダが日本に宣戦布告した当時の家族の状態を綴っている。私は、小さな子どもだったので、当時の記憶はほとんどない。覚えているのは、引っ越しのことくらいだ。思い返すと、バンクーバーから休日旅行に出かける荷造りをしているかのような喜び、高揚感が浮かんでくる。つまり、スティーブストンのコウノスケ叔父さんの家に旅行に行くようなウキウキした気持ちだった。いつの世も、子どもにとって大事なのは、直近の欲求に応えてくれる、そして理解可能な事柄だけである。たとえば、小学校に行った最後の日、私は、赤の格子模様のひだ付きスカートに、パフスリーブのセーターを着て、得意満面であった。それらは母のお手製だった。私のクラスメートも含めてすべての日系カナダ人が散り散りになるなど、夢にも思わなかった。そう言えば、母は寂しそうな表情を浮かべていた。しかし、それは最近やっと手に入れた台所用電気コンロを売らねばならないせいだと思っていた。

今の若い人たちには想像できないかもしれないが、当時のカナダ政府には善意のかけらもなかった。政府は、ただただ人種差別主義者の政治家にしたがって動いた。とくに、ブリティッシュコロンビアではそうだった。もちろん、私たちにふりかかった災いの責任が政治家だけにあるのではなかった。また、日本との戦争のせいだけでもなかった。災いの背景には、東洋人に対する人種差別や植民地主義があった。それらが、日系カナダ人を西海岸から強制移住させる政策をとりやすくした。その証拠に、第二次世界大戦はドイツやイタリアをも敵に回した戦争だったにもかかわらず、ドイツ系カナダ人やイタリア系カナダ人はカナダ市民として認知されていたのに対して、私たち日系カナダ人はそうではなかった。

日系カナダ人の多くはカナダに帰化していたし（両親のように）、カナダ生まれだった（私自身のように）。しかし、そんな事実は無視された。当初、カナダ政府は、強制移住を婉曲的に「疎開」と呼んでいた…あたかも私たちを戦争の危険から保護するために疎開させる必要があると言わんばかりに。

一九四二年、バンクーバーから強制退去させられた日系カナダ人を運ぶ汽車（強制収容地の一つがあったスローカン・バレイの駅）

同時に、私たち日系カナダ人は「防衛地域の危険分子」とも呼ばれていた。危険分子は、西海岸に沿った一六〇キロの警戒地域から排除すべきとされた。この決定は、マッケンジー・キング首相によってなされた。連邦騎馬警察と軍アドバイザーは、「日系カナダ人は危険分子には当たらないので、強制排除は必要ない」と進言した。しかし、内閣は戦時措置法を盾にとり、内閣令によって強制退去を実行した。日系カナダ人には、「敵性外国人」のレッテルが貼られ、政府が準備・統括する収容地（防衛地域の外部に設置）に送られた。仮にそんなレッテルを貼るにしても、日本国籍をもつ人たちに限定されるべきだったと思うのだが。

とりあえずの移住先スティーブストンでの生活はあまり覚えていない。ただ、二歳半年下の弟トヨアキと、少し年上の新しい友だちマスオ・ヤマシタと一緒に、叔父の家の庭や一・五エーカー（約六〇アール）の果樹園を走り回ったのは記憶に残っている。マスオの母親はトンサおばさんと呼ばれていた。彼女は、親戚ではないが、両親の和歌山県時代からの古い友人だった。彼女は、私たち、そして母が退院してからは弟ケンジの面倒もみてくれた。叔父の所有地と日本人漁者団体附属病院の境にある壁のこちら側から母に手を振ったものだ。母も、病院の窓から手を振った。

母が退院し、赤ん坊の妹ケイコを抱いて家に戻ってきた。一方、父は、毎日バンクーバーに通勤していた。叔父コウノスケはどの収容地に行くべきか、友人たちと相談していた。

母は、収容地には持って行かず、コウノスケの家に置いておく貴重品をいくつかの木箱に詰めた。貴重品の中には、季節ごとに使い分ける陶磁器の皿、書籍類、五月の節句や桃の節句に飾る人形、日本から持ってきた着物などがあった。それらの貴重品はバンクーバーからスティーブストンまで持ってきたが、収容地には持って行く必要はないと思ったのだ。戦争が終われば、またスティーブストンに戻ってくるのだから。母は、貴重品を入れた木箱を、叔父の家の裏にある物置に入れ、なんきん錠をかけた。

しかし、母がそれらの貴重品を再び見ることはなかった。私たちが収容地に移動した後、家は破壊され、めぼしい物品は盗まれた。ずっとのちに、貴重品は競りにかけられたと聞いた。

第四章　ミント収容地

母の手記

一九四二年四月初め、私たちは持てるだけの米、缶詰、食料雑貨品、お茶、それに最低限の食器、ポット、鍋を持ってスティーブストンをあとにした。出産後わずか四〇日のこと。現在、バンクーバーのベイショア・ホテルがある場所から、ユニオン蒸気船会社の船に乗り込んだ。約四時間後、スコーミッシュ（訳注：ブリティッシュコロンビア州南西部の町、バンクーバーの北約四〇キロ）に着いた。

スコーミッシュに着き、そびえ立つ山の峰々を目にした時、それまで見たことのない美しい景観に驚いた。鮮やかな色彩、神秘的な山肌。幻想的な夢を見ているようだった。

それから汽車に乗り、渓谷の川に沿って百マイル以上走った。約六時間後、深夜、ブリッジリバーに到着した。すでにブリッジリバーに来ていた友人ニシハマ・ナオキチさんが私たちを出迎え、お茶をさしいれてくれた。私たちは、客車の中で一夜を過ごした。翌朝早くトラックが来た。トラックの荷台にある長い木のベンチに子どもたちと一緒に座った。私は、生まれたばかりの赤ん坊を抱いていた。トラックは、約二時間、曲がりくねった道を走り、高いミッション山の頂上まで登った。高地のせいで耳鳴りがした。そこがミントだった。

すでにミントに到着した人の中には、簡易ホテルで生活していた人もいた。その一人、タケウチ・チサトさんは、夫と同じタラ販売協同組合にいた人で、簡易ホテルの隣にある雑貨屋の二階に住めるように手配してくれた。そこでは、お湯を使うことができた。ただ、子どももいたので、一軒家が欲しいと申し出たところ、その翌日、一軒家に引っ越すことができた。しかし、その一軒家は、私たちの家族だけでも手狭だったし、夫の兄弟も同居していたので一層手狭だった。幸い、少し離れた場所に広い家が見つかり、そこに住むことにした。前の一軒家より部屋が多かったし、風呂場もあった。外には物置小屋もあった。トイレの丸太小屋は、両サイドの家で共用だった。森から木を拾ってきて、台所のストーブにくべた。

コウノスケ兄さんは、毎日、宿舎で短波ラジオ放送を聞き、日本からのニュースを書きとめ、友人たちに伝えた。

わが家の前にはトマトなどの野菜を植えた。家の下に穴を掘り、持ってきた米を貯蔵した。その後に収穫したポテトや野菜も、雑貨類と一緒に穴に貯蔵した。

私たちが住んでいた家は、かつてミントが鉱山で栄えた頃、鉱山労働者の家族が住んでいたらしい。外壁はタール紙で、冬は、隙間から雪が吹き込んできた。すきま風が入る寒い家だった。オオツ・ゲンジさんの家族、その義兄弟ミヤモト・マンタロウさんの家族は、わが家からちょっと離れた大きな家に住んでいた。その家は、ゴールドラッシュの最盛期には売春宿だったと聞いた。カゲツさん夫婦の家も、わが家から少しだけ離れた場所にあった。彼らは、買い物に行く時には、わが家の裏の小道を通っていった。

わが家の右隣はフルカワさん、ワタダさん、ヨネダさんの各家族が住んでいた。また、すぐ左隣にはニシおばさんが住んでおり、成人した息子トシナミと娘ナミコと一緒に暮らしていた。そのさらに左には、ムラカミさん一家が住んでいた。

毎日、朝になると、ミント市長のビル・デビッドソンが馬にまたがり、数頭の馬を引き連れて現れた。どの馬も首にベルを巻いており、チリンチリンと音を立てながら、山中の目的地に向かった。帰りは夜だった。市長は、山の高台から双眼鏡で獲物を探し、獲物を見つけると銃で撃った。銃の音は、村中に響き渡った。獲物を撃つと、数頭の猟犬が回収に向かった。

たとえばエンドウ豆のような野菜が芽吹く季節になると、シカの家族がやってきて、芽も根っこも食べてしまう。耕作地を六フィートのフェンスで囲んでも、シカは軽々と飛び越える。私たちに発見されても、シカは逃げもせず、私たちを見つめている。それを見て、子どもたちは喜んだ。大きな声で威嚇すると、やっと退散した。

ゴーストタウンと化していたミントは、日系カナダ人の移住によって活気を取り戻した。小学校もできた。教師経験者のカズ・ウメモトさん、大卒者のジョージ・タマキさんが教師に任命された。

私の家族では、二女エイコと長男トヨアキが小学校に通い始めた。夏のある日、少し離れた場所で運動会が開かれた。私は四人の子どもを連れて、見に行った。子どもたちが参加する徒競走、綱引きなど、さまざまなゲームが行われた。大人の徒競走もあった。私は、子どもの頃、運動会ではいつも受賞していたので、運動能力には自信があった。しかし、それは昔の話。五人の子どもの母親ともなると、もう体は昔のようには動いてくれなかった！

わが家と道を挟んで向こう側には小高い山があり、そのふもとには神社があった。神社の鳥居は森井悦治さんが建てたそうだ。夜になると、ショウジ・エイタロウさんが神社で尺八を吹いた。その物静かな音色は、ミント中に響き渡った。それは、本当に平穏なひとときだった。

冬場の燃料不足を何とかするために、六歳の息子は、その叔父と一緒に山に出かけ、乾燥した木々を持ち帰った。木々だけではなく、さまざまな噂話も持ち帰った。たとえば、どこで酒をつくっているかとか、誰が味噌をつくっているか、等々。隣人の高齢女性ニシさんは、スティーブストンにいる頃から味噌と麹づくりで有名だったそうだ。それ以外にも、村人の中には、酒、味噌、豆腐、醤油づくりの名人がいた。

当時、ミント近郊のディヴァインで製材業の仕事を得る人が現れた。友人のサカタ・トミさんもブリッジリバーから、その製材所で働くためにミントにやってきて、私たちと同居することになった。私の夫は、コウノスケ兄さんのアドバイスで、バンクーバーから鮭を取り寄せ、丸太小屋でさばき、友人や隣人と分け合った。

最初の冬は、ことのほか寒かった。ある夜、デビッドソン市長の自宅が火事になり、男たちは消火に駆けつけた。一件落着し帰宅する男たちの眉から鼻にかけて「つらら」ができていたのを覚えている。寒い日が二、三日続いた時のこと、わが家の近くの水道管が凍り付き、破裂した。夜通し、水が出続け、最後には、すばらしい氷の彫刻のようになった。バンクーバーに忘れてきたカメラで、あの氷の彫刻を写真に撮っていればと、今でも残念だ。

ミントの山々に雪が積もると、若者たちはスキーを楽しんだ。こうして、悪夢のように厳しい冬が過ぎた。いつものように、夜になるとショウジさんの尺八が響き渡り、フレイザー川が流れる大きな音がこだました。私たちを包み込む過酷な自然にもかかわらず、私たちはここから追放される危険におびえる必要はなかった。友人同士助け合い、とにもかくにも生きのびていけることに感謝した。

一九四四年のある日、マルヤマ・ツルキチさんを通じて、赤十字から、外国に住む日系カナダ人すべてに対して味噌、醤油、お茶などのプレゼントが贈られてきた。私は、容器を持って、プレゼントをもらってくるように言われた。それは、飢餓に苦しむ日本からの贈り物だった。

ミント市は、一九三四年、鉱山地区としてつくられたが、その後、廃鉱となり、一九四二年、強制収容地になった。

東リルエットはブリッジリバー地域にあった五つの自活収容地の一つ。ブリッジリバー地域には、西海岸から千人を超える日系カナダ人が移住させられた。

ミント収容地は、ブリッジリバー・リルエット地域にあった五カ所の日系カナダ人自活収容地の一つであった。私は、最近まで「自活」収容地の意味を知らなかった。自活収容地は、基本的に、富裕層（もちろん日系カナダ人の中で相対的に富裕だったに過ぎない）のために設置された収容地だった。ブリティッシュ・コロンビア州保安委員会の援助もあった。富裕層といえども、収容地に移住させられる点では、他の日系カナダ人二万二千人と同じであったが、収容地までの交通・運搬費や収容地での賃貸料を払える日系カナダ人は特別扱いされたのだ。自活収容地が設置されたのは、リルエット、ブリッジリバー、ミント、マクギィリバリー、クリスティーナ湖地域の五カ所であり、合計一、一六一人の人々が、本来ならば政府が支払うべき費用（交通・運搬費や賃貸料）を自ら支払って自活収容地に移住した。しかし、最終的には、元の居住地の自宅、ビジネス、財産は、すべてカナダ政府「敵性外国人資産管理局」に強制的に売却させられたのだが。富裕層には、五カ所のうちどの収容地に行くかを選択する権利が与えられた。富裕層といえども西海岸の自宅やビジネスを離れねばならないのは同じであったが、移住に必要な経費を支払うことができたために、ミントでの生活のように少しはましな暮らしをすることができたのだ。

自活収容地とは対照的に、政府が直接管轄する収容地もあった。政府管轄の収容地には、富裕層ではない移民が移住した。二家族に一軒のバラック小屋があてがわれた。各自持参できるものはスーツケース一個分の生活必需品だけであった。それに対して、ミントの自活収容地に移住した人は、家具のような個人的所有物も持ち込めた。家々のほとんどは、最近まで中流の鉱山関係者が使用していたもので、さまざまな大きさの家が用意されていた。大きな通りに面した家の庭には壁も設置されていた。

母は常々言っていた、「自分たちがミントに来たのはお金があったからではない。コウノスケ兄さんが、スティーブストンの漁業仲間と一緒にミントに行こうと誘ってくれたからだ」確かに、母が言うとおり、父の独力では自活収容地に入るゆとりはなかったと思う。

自活収容地に移住した人の中には、移住後の生計を考えて移住地を決めた人もいた。父のように経済的に困窮した若者たちの多くは、ミントの近くにある工場で職にありついた。こうして、家の賃貸料を払い、生計を立てることができた。

私のような子どもは生計のことなど頭にないし、あっけらかんとしたものであった。一方、大人、とくに一世の間では、戦争に勝つのはどちらかが重要な話題だった。それによって、次の身の振り方が決まるからだ。再び子どもの話に戻ると、ただただ楽しい毎日だった。新しくできた友だちと美しい渓谷を探検したり、両親が栽培している花畑や野菜畑で遊んだりした。高い山々に囲まれ、渓流の音が聞こえた。ガンクリークという渓谷には、よく村人たちやクラスメートとピクニックに行った。

後で述べるようにミント時代には一つだけ苦い思い出もあるが、母が書いているとおり、まずは楽しかった思い出だけがよみがえってくる。母は麦わら帽子をかぶり、長い髪を手ぬぐいで包んでいた。それは、同年代の女性の標準的な格好だった。袖の付いた日本風のエプロンを背中で結び、野菜畑で働いていた。草取りをしながら、他の女性とおしゃべりを楽しんでいた。

このような光景は、強制収容でさえなければ牧歌的の一語に尽きる。美しい山々と木々。きれいな花で仕切られた野菜畑。早朝には、シカの家族がやってくる。野菜畑は、各家庭から遠くない場所に割り振られていた。家々の間には広い空き地があり、町の中心部からもそれほど遠くなかった。野菜畑は新しい丸太の柵で囲まれていた。その柵は、ミントが金鉱で栄えた直後に移住した人たちがつくったらしい。

野菜畑には、日本流・西洋流の料理に使ういろいろな野菜が、一年を通じて植えられていた。日本起源の野菜が多かったのは、誰かが日本から種を持ってきたからかもしれない…胡瓜、菜っ葉、大根、カボチャ、種々の豆類（サヤエンドウ、枝豆、ソラマメなど）、シソ、等々。

母の手記にも出てきたように、赤ん坊だった妹のケイコが病気になったことがある。その時、母は体温計とともに、三、四インチの分厚い本を横に置いていた。それは、革表紙の本で、日本語で書かれた医学書だった。私たちが病気をした時、母はいつもその本を見ていた。これは母の手記には書かれていないが、私の姉が高熱を出した時、母が庭に出てミミズを掘り出していたのを覚えている。母は、ミミズを切り刻んで湿布をつくり、姉の足裏に巻き付けていた。その効果のほどは知るよしもないが、私自身、息子にそんなことをしたことはない。おそらく、母の医学書には、そのような治療法が書いてあったのだろう。

母は家族の健康維持のためにルールをつくっていた。そのルールでは、私たち子どもは、夜寝る前に塩で歯磨きをし、温かい塩のお湯でうがいをすることになっていた。風邪で倒れると、夏の暑い時期でも、臭い黄色の膏薬を胸に塗られた。とても嫌だったが。

ケイコが病気になった時、母が、連邦騎馬警察と関係の深い森井悦治に医者を呼んで欲しいと依頼したのを覚えている。私たちの町には医者がいなかったので、隣接した町ブラローネから医者に来てもらわねばならなかった。しかし、そのためには連邦騎馬警察の許可が必要だったのだ。

そんな頼み事をする時、母が封筒にお金を包んでいたのも記憶している。オダイサンのお祈りに行く時も金一封を持参していた。オダイサンは木造のきれいな神社だった。その鳥居は、森井悦治が自宅裏の山のふもとに建てたものだった。今にして思えば、その種の寄進をしていたのは母だけではなかったのだから、結局、どのくらいのお金を誰が手にしていたのだろう。神社や寺に祈願する時寄進をするのは、日本の習慣だ。森井悦治は、「ゴッドファーザー」と呼ばれていた。彼は、戦前からバンクーバーで私的な賭場をはっており、警察もそれに協力していたそうだ。

母の相談相手にミワさんという看護婦さんがいた。彼女の家は、わが家からそれほど離れていなかった。私は彼女の家に行ったことがあるが、その家族は私の家族とずいぶん違っていた。両親（ミワさん夫婦）が二世で英語を話していたからだ。とりわけ、娘のタマとその兄弟姉妹を訪ねた時に、初めて漫画を読んだことは忘れられない。タマはクラスメートだった。何年も後のこと、バンクーバーでタマに再会した。タマは、美しく才能溢れるピアニストの娘アリソン・ニシハラと一緒だった。

歯医者に行かねばならなくなった時、隣町ブラローネまでタクシーで連れて行かれた。タクシーは、当地の方言で「ステージ（駅馬車）」と呼ばれていた。運転手はトラゴロウ・ニイミさん。ニイミさんは、戦前からバンクーバーで薬局を始めた起業家だった。彼の息子ボビーは、ミントでは私のクラスメートだったし、バンクーバー時代にさかのぼると、二人は同じ日本人合同教会付属幼稚園の卒園生だった。赤ん坊のケイコが熱を出した時、母が解熱剤アスピリンを買いに行くのは、ニイミさんの薬局だった。私の記憶では、ミントの中心街には雑貨屋、ホテル、アパート、郵便局があった。雑貨屋には何でもあり、不足するものと言えば、おいしい日本食の材料くらい。焼きたてのパンやスイーツの類も売られていた。ある夕方、叔父と中国将棋をして負けた時、叔父は、私を慰めようといくばくかのお小遣いをくれた。私は、お小遣いをもって雑貨屋に駆け込み、当時は珍しかったケーキを買った（その後間もなく、母はケーキとパンの焼き方をマスターした）。

ミントの思い出には、親切ですばらしい人たちがたくさん登場する。教師のタマキ先生、ウメモト先生、アミー・ウチダ先生（とその妹）といった名前がすぐ浮かぶ。授業は、地方独自のカリキュラムにそって、同じミントに住む大卒者が担当した。クラスメートのヨウコ・ノダ、エミコ・フルカワ、タマ・ミワ、ヨウコ・ウエダは、私のベストフレンドだった。

何人かの父親と息子たちが、リスを飼う木箱を作ってくれた。気の毒なことに木箱に入れられたリスは、小枝を上へ下へと動き回った。

こんな思い出もある。クラスメートのタダシが妹スミレのために木のブローチを彫った。スミレが、そのブローチをつけているのを見て、とてもうらやましかった。私は母に「タダシが同じブローチを私のために彫るよう、タダシの母親に頼んでくれ」と懇願した。そのブローチは、スコットランド犬の形で、「ミント」という文字が彫り込んであった。タダシは、ブローチを彫ってくれた。その後の度重なる引っ越しの間に、ブローチをなくしてしまった。もっと大事にすべきだった。でも、私がブローチをつけた写真は残っている。

弟のトヨアキは、よくデビッドソン市長の牧場で友だちと遊んでいた。牧場には、多くの馬がいた。トヨアキたちは馬が出産するのも見ていた。一方、私はと言えば、女でもありトヨアキのお姉さんでもあるので、母の家事や子守を手伝わねばならなかった。いつも赤ん坊の妹を背負っていた。もちろん当時は乳母車などなかった…少なくともわが家には。何人かの少年が、新聞配達で自転車に乗っていたのが珍しかった。

その当時は嫌だったが、ミントに来て以来、母は、ずっと私に日本語のレッスンをした。学校が終わって帰宅すると、まず台所のテーブルに置いてあるオヤツ（たとえばリンゴ）を食べる。それが終わると、一時間、日本語の教科書を開いて母の日本語レッスンだ。学校でさんざん勉強した後、友だちは外で遊んでいるのに、私だけ座ってレッスンを受けるのは、正直苦痛だった。

誰かが他の収容地に引っ越す時には、母は、その子が使っていた日本語の教科書をもらってきた。私は教科書を大きな声で読み、漢字を勉強した。毎週、母の試験があった。母は、台所に隣接した風呂場で洗濯をしながら、ドアを半開きにして試験を行った。新しい漢字を覚えていないと、母はヒント（発音や部首）を大声で言った。

私の名前エイコの「エイ」は英国の「英」であることを知った。カナダは英国の植民地だったので、カナダに帰化した人間の子どもであることを示したかったのだ。一方、姉キクコの「キク」は「菊」であった。菊は天皇家の紋章であり、日本人の長子であることを示すためだった。

何年ものち、私はブリティッシュコロンビア大学の大学院でアジア美術史を学んだが、美術関係の科目に加えて、外国語を一つ習得しなければならなかった。私は日本語を選択、母の基礎訓練が大いに役立った。母は、漢字の部首が持つ意味などをしっかり教えてくれていた。私は、退職後も日本語を鍛えた。そのおかげで和文英訳を学びに来た日本人学生を教えて欲しいと依頼された時も、喜んで引き受けた。

おそらく母がきちんとした日本語を教えようとした理由の一つは、ミントにはスティーブストンから来た多くの漁業関係者（叔父コウノスケの友人たち）がいたことだろう。漁業関係者の多くは和歌山県三尾村の出身であり、主として関西弁（あるいは大阪弁）をしゃべっていた。関西弁は、標準語の東京言葉とはずいぶん違う。関西弁は、漁業関係者の間の乱暴な言葉であり、それを子どもが見習った。私には、関西弁もそれなりに洗練された言葉に思えたが、家で関西弁を使うと、「漁師言葉を使うな。女が使う言葉じゃない」と母に叱られた。とにもかくにも母の「日本語学校」は五年間続き、私はしっかりした日本語の基礎をたたき込まれた。

母に教えられた日本語は、収容地生活が終わった後社会復帰した時にも役立った。つまり、私が、日本語しか話せない母の通訳になれたのである。雑貨屋や病院に行くにしても、弟たちの学校の先生に会いに行くにしても、私がいつも通訳として同行した。のちに家族と別れて両親がウィニペグから西海岸に戻ってからも、私は母に日本語で手紙を書くことができた。また、何か急ぎの用事がある時も、私は日本語で電話することができた。このように日本語を使うことは、私の兄弟を含めて、私と同世代のほとんどの人ができないことだった。彼らは、両親が使う言語をほとんど使えなくなったのだ。親との会話には、かたことの英語を使うしかなかった。

ミントでの最高の思い出は、入浴後の気持ちよさである。叔父コウノスケはスティーブストンから「お風呂」（木製の風呂桶）を持ってきていた。叔父は風呂を手放しがたく、自ら運搬費用を出してミントに運び込んだのである。叔父は、わが家の裏に小部屋をつくり、風呂桶を据え付けた。風呂に入るのは本当に気持ちよかった。

両親は、バンクーバーからスティーブストンに移動する時、ほとんどの家具を売り払った。ミントまで持ってきたのは、日用必需品だけだった。すでに述べたように、貴重な家具類は箱詰めにして、スティーブストンの叔父の家の裏庭にある物置にしまってきた。ミントまで持ってきた大きな物品と言えば、母のミシンと父の大きなトランクだけだった。ミシンは、母の威厳を示す物で、触ってはいけなかった。また、父のトランクは、独身時代に、ウィニペッグの「イートン・アンド・カンパニー」店で買ったものだった。トランクには、衣類、布団、家事用品に加えて、母が手放したくなかった書籍も詰め込んで、ミントに移動した。幸運なことに、その書籍類の中に家族の写真アルバムも含まれていた。多くの家族は、アルバムを失っていた。父のトランクは、今でも私の手元にある。

お隣のニシさん家族は、ほとんど毎週、わが家の風呂に入りに来た。ニシおばさんは、私たちと縁戚関係にあった。彼女の最初の娘フジコさんは、私の父の親戚であるトモタロウ・ツチヤと結婚していたからだ。私の両親は、彼を親しみを込めて「トモやん」と呼んでいた。私たち子どもは、「トモやん叔父さん」と呼んでいた。（一九四二年、ツチヤ夫妻はマニトバに移動した。夫妻は、ブルンキルドの農場に住んだ。ホフマンさんという人に歓迎され、家族同様の扱いを受けたと聞いた。のちに私が一二歳の頃、私たちもマニトバに移動した。マニトバに着くと、ツチヤ夫妻が訪ねてきて、私と一緒にブルンキルドに帰り、一週間ほど滞在させてくれた。当時は分からなかったが、聞くところによると、ツチヤ夫妻は子どもに恵まれなかったので、次女である私を養子に欲しいと願っていたそうだ。しかし、すでに長女と別れていた母が、私を手放さなかった（訳注：開戦直前に長女キクコを日本の義母のもとに行かせたままになっていた）。ブルンキルドの一週間は楽しかった。ホフマンさん家族にも会った。私と歳の変わらぬ娘がいた。トモやん叔父さんは、とても美的センスがあり、熟達した大工職人だった。彼はホフマンさんの農場にサイロを建てた。ホフマンさんの息子が結婚した時には、その自宅を建築したらしい。ブルンキルド滞在は短かったが、二、三日、トモやん叔父さんが私と遊んでくれた。彼は、大きな段ボール箱を切り刻んでカードをたくさん作り、カードの一つ一つに絵を入れ、短い詩を書き込んだ。それらのカードは、当時大人の間で人気のあった日本式カードゲームに使うものだった。前に、タダシ・サカモトが作ってくれたスコットランド・ブローチの話をしたが、トモやん叔父さんが作ってくれたきれいなカードも、度重ねる引っ越しでなくなってしまった。子どもにとっていくら大事な物でも、引っ越しの度に荷造りを繰り返すうちに、簡単になくなってしまうものだ。

母は、毎日、風呂場で洗濯板を使って、ゴシゴシ洗濯していた。洗い終わると、正面玄関から高い松の木に渡した物干竿に、衣類を一列に並べて干した。その松の木にとまったコマドリに母が話しかけていたのを覚えている、「ミント、ミント、チルルルル」。

お風呂は、床よりも一段高い板の上に据え付けられていた。タブの中には熱管があり、風呂場の外で木をくべて熱くした。母は、湯が適温になるよう木をくべた。私たちは、湯船の外の板に置かれた小さな台に座り、体を洗い、それから湯船に浸かった。四角い湯船には、向かい合わせに座れる腰かけがあり、きれいなお湯でくつろいだ。

いつも父とコウノスケさんが製材所から帰ってくると、二人が最初に風呂に入った。二人は、湯船でのんびりしながら、その日の出来事を語り合っていた。次が子どもの番。母は体をこするのを手伝う。最後が母。週に一回、隣のニシおばさんが風呂に入りに来る時には、母はその後で風呂に入り、風呂を掃除してから寝床についた。

子どもは、ニシおばさんが裏のドアから入ってくるのを楽しみにしていた。おばさんは、いつも言った、「気づいたかしら? 昨日の夜、誰か死んだみたい。私、火の玉を見たのよ。見た?」。

もちろん、ニシおばさんが来る頃には、もう私たちは寝間着すがただったので、ニシおばさんが風呂から上がるまで待つ者は誰もいなかった。きっと話には続きがあるだろうが。母は、子どもたちに早く寝て欲しかったはず。それを遅くするのが怪談話だ。

私たちがニシおばさんの話に聞き入っている時、母はオーブントースターを使っていた。パン、しばしばアンパン。それらの焼き方は、ニシおばさんの娘ナミコ・ニシさん(ナミちゃん)から習ったようだ。ナミちゃんは、二〇歳代半ばで独身。私たちの誕生日にはケーキやクッキーを作ってくれた。

母は、大人のために、ニシおばさんから習った甘酒をつくった。ミントに住む女性たちは、ニシおばさんのような年配者の指導を受けながら、日本酒、味噌、豆腐、醤油などを協力してつくった。

私たちは移民の子どもだったから、今の孫がもらうようなクリスマス・プレゼントをもらう習慣はなかった。むしろ、クリスマスよりも正月の方が伝統的に大事な行事だった。しかし、私たちの両親は、子どもにクリスマス・プレゼントを約束してくれた。クリスマスツリーもデコレーションもなかったが、ベッドのそばに靴下をつるして寝た。翌朝、靴下の中にはナッツとミカンが入っていた。このように、わが家では、日本からミカンが送られてきた戦前の習慣が継続されていた。

戦前から、クリスマス・プレゼントの中身自体に驚くことはなかった。普段から両親に欲しいと伝えている物がプレゼントされるからである。クリスマス・プレゼントに西洋人形を買ってもらうために、母とウッドワード・デパートに行ったことがある（着物を着た日本人形は、すでに日本の祖母が送ってくれていた）。目を開けたり閉じたりする人形、格子模様のスカートをはいた人形、とび色の髪にタモシャンターをかぶった人形、そんな人形があるかどうか、心をときめかした。

ミントには、高価なプレゼントなどなかった。イートンのカタログを見て両親が何とか注文できる小物しかなかった。通常、私へのプレゼントは本だった。一〇歳の頃、シャーロット・ブロンテの「ジェーン・エア」という本をもらった。一九世紀に書かれた本で、とりわけ女性の問題にスポットライトを当てた作品だった。両親が作品の内容を知っているわけはないので、女性の名前がタイトルに入っているから、この本を選んだのだろう。母は、私が二年生の頃、バンクーバーのカーネギー図書館でエルシー・ディンズモア・シリーズを借りていたのを覚えていたのかもしれない。「ジェーン・エア」は、一〇歳の子どもには少々難しすぎた。女性教師や上級生は、私がその本を持っているのを見ると、貸してくれないかと頼んだものだ。私は、母がこの本を選んでくれたことを誇りに思った。

両親、隣人たち、コミュニティの人々のおかげで楽しく過ごした子ども時代の記憶の中には、思い出したくもない不幸な出来事もあった。ある夜、私は叔父がくれたお小遣いでケーキを買いに雑貨屋に行った。その帰り道、一人の青年、多分二〇歳後半の青年に呼び止められた。青年は、親しげに話しかけてきた。今であれば、見知らぬ人に話したり、ついていったりしてはダメだと教えられているだろうが、ミントでは、そのような危険性はなかった。ミント・コミュニティの全員が大きな家族のようなものだったからだ。

当時、私は一一歳。性教育など受けたことはなかった。青年が私をぎゅっと抱きしめキスをした時も、何が起こったのかまったく分からなかった。男女の間でそんなことがあるなど、西洋の漫画か映画の話だった。まさか日本人が堂々とそんなことをするなんて（両親でさえ、そんなことをしたことはない）。そんなことは、日本の習慣、文化にはないはずだ。

不快な経験。青年は、私のことを好きで付き合って欲しいと言ったが、彼の行為には嫌悪感を覚えるだけだった。ケーキを手に家にたどり着いたが、玄関の前で立ち止まり、どうしたらよいのか戸惑うばかりだった。ドアが開き、母が出てきた、「何をしてるの？　お前を待っていたんだよ！」。私は、家の中に入ったが、何が起こったのかは言わなかった。

事の次第を正しく理解するには、私は幼すぎた。同じことは、ミントの女の子なら誰にでも起こりうることにすら思い至らなかった。しかしながら、誰にも話さなかったこと自体が、多くのことを意味している。もちろん、不正なことが起こることくらいは分かっていた。しかし、ごく最近まで、事件については誰にも話さなかった…幼稚園と小学校でクラスメートだったボビーとバンクーバーで再会するまでは。ボビーは、あの青年の姓を知っていた。現在、私はこう思っている、「あの青年は、ミントでは若い女性にできないことを私相手にやってみたのだ」と。そう思いたい。

私は、事件以来、あの青年を避けた。それはミントでの生活を少々暗いものにした。常に不安がつきまとった。一九四五年にミントを去ることになるが、それ以降、ミントについては話すのを避けてきた。それが変化したのは、母の回顧録を読んだからだ。父と母は、日々激変する生活に何とか対処しようと必死で努力していたことが分かった。両親の希望と夢は、ことごとく打ち砕かれることになる。それでも、母は、ミントについて思い出し、書き残すべきことを見出そうとしたのだ。

第五章

分散政策

母の手記

日本の敗戦がほぼ決定的になった一九四五年三月頃、カナダ政府は分散政策を発表した。分散政策によって、私たち日系カナダ人は、ロッキー山脈の東側に移住するか、あるいは、日本に帰国するかを決めねばならなかった。この政策は、カナダへの忠誠心を維持する気があるかどうかをテストするものだった。

日本に帰国することを選択した人たちには、政府から現金二百ドルと旅費が支給された。彼らは、事前に帰国の意志を登録しなければならなかった。持ち出せる私物の重量は一五〇ポンドまでであった。帰国の第一陣は、一九四六年五月二二日に出発の予定であった。私たちは、年老いた母と娘キクコが日本にいたので、一応、帰国希望者リストに署名はした。しかし、日本の敗戦が決定的となり、日本での困窮生活を考えると、帰国には二の足を踏まざるをえなかった。結局、帰国希望は取り下げた。

最終的にマニトバ州に行くことにした。マニトバ州には、カツタロウ兄さんが住んでいたからだ。もう一つの理由は、夫が、結婚前にマニトバ州のウィニペグに住んだことがあり、親しみを感じていたことであった。

ミント、グリーンウッド、タシメ、レベルストークの各収容地に住んでいた人々は、一人一人、定められた期限までにリストの中から移動先を選択しなければならなかった。

連邦騎馬警察の監督のもと、一一歳を筆頭に四人の子どもを連れてミントをあとにした。最初の夜、リルエットに着き、あるホテルに泊まろうとしたが断られた。なんと子どもが四人もいたのだから！他のホテルを探して、やっと泊まることができた。その夜、ホテルに友人が訪ねてきて、深夜まで語り合った。翌朝、また汽車の旅が続いた。私たちは、コウノスケ兄さんが住むヴァーノンで下車した。兄さんから夫に手紙が来ていたらしい。

ヴァーノンは、駅もホテルもカナダ兵でいっぱいだった。駅の近くで昔からの友人に会った。静かだったミントとは対照的に、人でごったがえしたヴァーノンのような場所に来ると、戦時下であるという事実を改めて認識させられた。高い丘の上には、兵隊の射撃訓練の音がこだましていた。私たちは、コウノスケ兄さんが住み、働いているチバさんの農場に向かった。

チバさんの農場に着くと、ちょうどお昼時で、家族と一緒に食事をしようと誘われた。桜の季節だった。桜が咲き乱れ、うっとりするように美しかった。二人の息子トヨアキとケンジはチバさんの許しを得て、桜の木に登り、サクランボウを食べた。

夫と兄さんは、ある部屋に入って話し始めた。子どもたちと私は、庭で待っていた。二人が何を話しているのかは大体見当がついた。多分お金のことだろう。バンクーバーから取り寄せる鮭の会計処理についてかもしれない。あるいは、兄さんがミントのわが家にいた時に払わなかった食費や、私たちが払った家賃についてかもしれない。兄さんは、ミントを去る前に食費や家賃をきちんと払うべきだったのに。私が、二人の話から除外されたのは、（すでに述べたように）兄さんがケイコの頭を持ちあげたのを注意したことを、まだ根に持っていたからかもしれない。直接の家族以外の人間と一緒に住むには、よほどの尊重と配慮が必要だ。

二人は、話を終えて庭に出てきたが、何も言わなかった。私たちは、駅の近くの中華レストランで夕食をとり、再び汽車に乗ってマニトバに向かった。兄さんを残して、私たち家族六人で出発した。

エイコと私は、自動車、汽車、船など何であろうとすぐに乗り物酔いした。それで、乗り物に乗る時は、常に大きなジャム缶を持参していた。しかし、今回は、息子のケンジが昼間にサクランボウを食べ過ぎ、胃の調子がおかしくなった。トイレに駆け込んだが間に合わなかった。胃の中のものをすべて吐き出し、下着も何もかも交換しなければならなくなった。これが今回の旅のハイライトであった。二晩汽車に乗り、午後、無事ウィニペグに到着した。

東に移動し、自由が与えられると思っていた。しかし、さにあらず、統制は続いた。ウィニペグでも連邦騎馬警察と保安委員会の代表者が来て、私たちをウィニペグ市の外部にあるミドルチャーチという場所にある野菜農園に連れて行った。私たちに与えられた家は納屋だった。

ストーブとベッドは持ち込んだが、家は農場の中にあって、高い天井の納屋だった。室内の壁はブリキ製。わらを混ぜた肥料が壁に塗り込んであった。

高い天井には、裸電球がぶらさがっていた。私は、六人家族の自宅になる納屋の中央に立ちすくみ、涙が出るのを抑えた。しかし、もうどうしようもなかった。なぜレベルストークに行かなかったのだろう。レベルストークに行っていれば、友人のフクヤマ・センキチさんが助けてくれたかもしれない。夫も週に一度はフクヤマさんのところに行っていたのに。でも、もうマニトバに来てしまったのだ。後戻りはできない。一旦決定に誤ると、取り返しはつかないものだ。

夫の長兄カツタロウ兄さんは、私たちよりも早くマニトバに来ていた。兄さんは間もなく訪ねてきて、私たちと一緒に農園で働き始めた。タマネギ畑の草抜きをしたり、トマト、レタス、カリフラワーの畑を耕したりした。農機具を含めて、私たちの荷物はまだ届いていなかったが。

　ミドルチャーチでポンプで汲み上げた水は、泥混じりで臭かった。子どもたちは、ミントで飲んでいたようなおいしい水が欲しいと泣いた。(後で当地の小学校の先生から聞いたのだが、水は濁っていて臭いけれども害はなく、心配はいらないそうだ。)水が濁っているので石けんが役に立たない。私たちは雨水をためたり、近くの川から水を運んだりした。

　一一歳のエイコと八歳のトヨアキには、自分たちと小さい弟ケンジの面倒をみるよう言いつけた。とくに、エイコには家族全員のためにサンドイッチをつくること、トヨアキには川から水を運ぶことを言いつけた。夫と私は、一番下の子を連れて農園で働いた。

　毎日六時間働くと、マンサー氏がやってきて、二ドル紙幣を巻物風にした中から一枚の紙幣を私たちに手渡した。ウクライナ系カナダ人労働者を乗せたトラックが、毎日ウィニペグからやってきて、夕方には戻っていった。一日の仕事が終わると、マンサー氏に手を差し出してうやうやしく二ドルもらう。最初は

混雑するグリーンウッド駅(ブリティッシュコロンビア州)
戦争が終わり、強制収容地(グリーンウッドもその一つ)の日系カナダ人には、ロッキー山脈の東側に移住するか、あるいは日本へ強制送還されるか、という選択が突きつけられた。

屈辱的に感じたが、日々慣れていってしまった。

ドイツ系メノー派（訳注：福音主義的プロテスタントの一派）の一家が同じ農園の一軒家に住んでいたが、夏の終わりに引っ越していった。私たちは、その二階建ての一軒家に移り住み、その冬をしのいだ。

その当時、バター、砂糖、米は配給制だった。大人、子どもを区別しない人数で配給された。わが家は六人中子どもが四人だったので、配給不足に困ることはなかった。同じ農園に働く人の中には、家族のほとんどが大人で米に不足していた人もいた。私たちは、そのような人に配給米の一部を譲った。

マニトバの冬は厳しかった。マンサー氏は、農園でとれた野菜を保存するために、地下の貯蔵庫をつくっていた。いつもは、ウクライナ系労働者が来て、貯蔵庫の野菜を市場に運んでいた。しかし、ある日、誰も労働者が来なかったので、私たちは野菜を買うことができなかった。そこで、夫は、ポテトをいくつか売って欲しいとマンサー氏に頼みに行くので、私は貯蔵庫で待っているように言った。私は、エイコと一緒に貯蔵庫に行き、買って帰るポテトを包んでいた。そこにマンサー氏が現れ、「いつも、そのようにポテトを持って帰っているのか？」と尋ねた。私は、英語が分からないが、黙っているわけにもいかず、「ポテトが欲しいのか」と聞かれているのだろうと想像して、イエスと答えた。マンサー氏は、にやっと笑ったように見えた。エイコがマンサー氏に説明してくれた、「今、父がポテトを売ってくれるように、あなたの家に頼みに行っています。私たちは父が来るのを待っているところです。母は英語が分かりません」

ミドルチャーチは大きな農園地帯だったので、町なかの学校には少々距離があった。一年生になった二番目の息子は、年上の兄姉と一緒に登校した。しかし、時々、授業がないことがあり、その時は一人で帰ってきた。そのような折、息子が耳が痛いと言う。私が見るところ、耳が凍りついていた。私は、そのような場合には凍りついた部分を雪でこすればよいと聞いていた。息子の鼻と耳を雪でこすった。翌日、息子の耳が腫れあがっていた。どうもフードの紐を強く結ばなかったらしく、強風が耳に吹きこんだようだ。

毎朝、ミルク配達人が大きなミルク瓶を、道沿いの電話線柱のところに置いていた。子どもたちのうち一番早く起きた子がミルクを取りに行った。ミルク瓶の先っぽにはクリームが凍りついていた。ミルクを取りに出た子が、その冷凍クリームを食べることができた。

当時、ブリティッシュコロンビアにいた頃から農業をやっていた人は、ミドルチャーチに来てからもマンサー氏の農園で働いた。その中には、ヤスマツ夫婦、オカノ夫婦、イブキ家族（夫婦と息子一人）、キタガワ家族（夫婦と小さな子ども）がいた。彼らもマンサー氏の農園の中に住んでいたのか、それとも農園外から通っていたのかは分からなかった。【以上、母の手記】

「カナダ生まれの日系カナダ人で、戦争中の利敵行為・破壊行為や不忠誠の責任を問える人間は一人もいない」とまで下院で宣言したマッケンジー・キング首相が、最終的になぜ日系カナダ人を本国送還にしたり、ロッキー山脈以東に強制移住させたのか、それは今なお理解できない。強制移住による分散政策を正当化するために首相は言った、「日系カナダ人のためを思うならば、彼らをカナダ中に散り散りばらばらにし、（もし彼らが集住したならば生じるであろう）彼らに対する敵意を防ぐのが最もよい政策である」

日系カナダ人が人種差別を引き起こしたのは事実である。日系カナダ人が、なぜバンクーバーのダウンタウン・イーストサイドに集住し、自分たちのコミュニティをつくったか、その理由は明らかである。生きのびるのに必要だったからだ。首相の政策は、日系カナダ人を西海岸地域に再び集住させないことをねらったのは疑いない。それは、（日系カナダ人の除去による）民族浄化だった。それによって、バンクーバーとブリティッシュコロンビア州の人種差別主義者が過激化するのを抑え、彼らの要求に応えようとしたのだ。こうして、終戦を迎えたにもかかわらず、日系カナダ人がバンクーバーや西海岸地域に戻る道は閉ざされた。

ミドルチャーチでの家（納屋）をめぐる母の苦労を思い浮かべるたびに、私は喉がつまり、涙が出てくる。まだ一二歳になる前の私は、母の苦労に気づかなかった。それは、母が子どもたちには生活の暗い部分は見せないようにしておこうと配慮した証拠でもある。

また、この頃、私は、バンクーバーに住んでいた頃のようなまともな「家庭」の感覚を覚えたことはほとんどない。ミントのような相対的に恵まれた居住地とは違って、ミドルチャーチではソファもなかった。台所のテーブルの周りには粗末な材木でつくったベンチが並べてあった。しかし、そんな最低限の必需品だけで暮らすのにも慣れ、それが当たり前になっていた。ミントでは、鉱山関係者が住んでいた家屋を場末から引っ張ってきて、それに住んでいたにもかかわらず、それはそれでちゃんとした「わが家」だった。子どもだったので、「わが家」に善し悪しなどなかった。そういう調子だから、友だちの家とわが家を比較したことなどなかった。親がたくさんの家具を持ち込んで以前と変わらぬ生活をしている友だちの家に行っても、ソファに座って一緒に歌を歌った。年長の子はピアノを弾いた。思うに、子どもはどんな家屋に住んでいようとも、愛する両親と兄弟姉妹に囲まれていれば、それだけで「わが家」なのだ。

ミドルチャーチの新しい「わが家」（納屋）では、ネズミが屋根裏のわらの中をカサカサと走り回った。私たちはウィニペグに着くやいなや、ホテルで過ごすこともなく、「わが家」に直行した。まともに掃除もしないままに新しい生活が始まった。ベッド、ストーブ、テーブル、椅子（木のベンチ）などは準備してあったが、なにしろ荷物が届いていなかったのに、どのようにベッドメイキングをしたのだろうか。そんな私たちを助けてくれたのが、父の長兄カツタロウ叔父さんだった。叔父さんは、息子ヨシヨの家族とともに、一九四二年、早々マニトバに移動し、ウィニペグに住んでいた。母の手記によれば、叔父さんは私たち家族と同居を始め、両親と一緒に働いた。

両親は、ミドルチャーチの農園に着くやいなや農作業を始めた。母は、まだ旅行用のきれいなドレスを着ていた。「ここでお金を稼げば、また新しいドレスを買える」と母が言ったのを覚えている。しかし、いざ働き始めてみると、一人当たりわずか二ドルの日給。

私たちは、さしあたっては納屋に住むしかなかった。しかし、納屋は、あくまでも一時的な家だとは言われていた。マニトバの冬は、ある程度の断熱材を使った家屋でないと耐えることはできない。

こう思い返すことがしばしばある、「マンサー氏のような農園主は、四人の子どもを抱えた六人家族を人間扱いしていたのだろうか。カナダ人でも、あのような扱いをしただろうか」当時、政府は日系カナダ人を「敵性外国人」と呼んでいた。私たちは、まさに外国人扱いで、市民権も与えられていなかった（多くの日系カナダ人家族は三世の時代になりつつあり、カナダにもそれなりの貢献をしていたのだが）。私たち日系カナダ人は経済的貢献をしてもなお、カナダ市民として受け入れられなかった。

言うまでもなく、多くの若者が兵隊に徴用されていたので、若手の労働力は不足していた。農園主にとっては、政府が日系カナダ人を安価で提供してくれることはありがたかったはずだ。日系カナダ人を使うより他に選択肢はなかっただろう。しかし、本当のところ、マンサー氏は日系カナダ人の受け入れをどう思っていたのか？　マンサー氏や他の農園主は、日系カナダ人をどう思っていたのだろう。砂糖大根農場では、私たちよりももっと過酷な条件で労働が課されていたという。

＊＊＊

私たちがミドルチャーチに着いたのは夏だった。両親と叔父カツタロウは野菜畑で働き、まだ一二歳になっていなかった私は、二人の弟（九歳と六歳）の面倒を見、家族全員の昼食にサンドイッチをつくった。サンドイッチには缶詰肉、卵、レタス、トマトを挟み、缶詰フルーツを添えた。それ以外は、したい放題、自由だった。弟たちは、家（納屋）の周りで追いかけっこをした。隣人たちの子どももいたはずだが、弟たちは二人だけで遊んでいた。

両親は小さかった妹ケイコ（三歳）を農園に連れて行った。両親と叔父が農園を耕している間、ケイコはそばにいた。母の話によれば、両親と叔父が働いている畑のすぐ近くで、ドイツ人の戦争捕虜が働いていたそうだ。彼らは、背中に大きな赤円が描かれたシャツを着ていた。父は、自分でつくった紙巻タバコを彼らに与えたそうだ。

何年も後、私が日系カナダ人収容地の歴史に興味を持った頃、次のようなことが分かった。すなわち、当時、ブルーリバー、レベルストーク、ホープ、シュライバー、ブラックスプールの道路建設に、総勢九四五人の日系カナダ人が政府によって動員された。彼らは、家族と別れて建設作業に当たらねばならなかった。それに不満を表明した者には「反体制」のレッテルが貼られ、六九九人が、オンタリオ州アングラーとペタワワにあった戦争捕虜収容所に収監された。彼らもまた、背中に赤円が描かれたシャツを着せられたのだろう。

ミドルチャーチで、二人の弟と私は学校に入った。それは「大きな社会」の中の学校だった。ミントの学校とはまったく違った。ミントは、住民すべてが大家族のような社会、外部とは隔絶された社会だった。

学校に通い出した初日から、弟も私もよそ者扱いされた。私たちには馴染めない雰囲気を感じた。せいぜい好奇心の対象。生徒たちは、教室に入ってきた私たちを見て、「なぜ、こんな人が？」という顔をした。当地の子どもたちは、おそらく一九四二年まではアジア系の人間の顔を見たことがなかったはずだ。収容地については、まったく知らないか、あるいは、ごくわずかの情報しか持っていなかった（残念ながら、この現状は今でも変わらない）。子どもたちが収容地について情報を持っているとしたら、それは親の話の聞きかじりだけだった。その親にしても、情報源はラジオと新聞による大雑把な報道だけだった。

私のクラスは、数学年の混成クラスで、一人の教師がすべての科目を担当していた。そのクラスには、すでに二人の日系二世がいた…ケイ・ヤスマツとノーマン・イブキ。二人は私より年長、第八学年か第九学年だったと思う。一方、私は第六学年だった。二人はずいぶん落ち着き払っているように見えた。おそらく彼らの親は、一九四二年頃、砂糖大根農場で働くためにミドルチャーチにやってきたのだろう。それは、私たちがミントに移住した時期と重なる。彼らは、ミドルチャーチにも、また学校にも十分適応していた。

クラス担任の先生は、私の名前エイコを発音するのに苦労した。先生は私に話しかけるたびにつまずいた。今にして振り返れば、理由は明らかだ。多くの場合、「エイ」で始まる単語は「アイ」と発音される。それで、先生は思わず「アイカ」などと言ってしまうのだ。でも、私は、教師が生徒を大事に扱うこと、少なくとも名前くらいは正しく呼べることは義務だと思う。そうでなければ、名前さえまともに呼んでくれない生徒は「変わった人間」と見られてしまう。日系カナダ人の分散政策がとられた当時、多くの学校では、日系カナダ人の生徒に英語の名前をつけるよう指導が行われた。

私は、学校でよそ者扱いされて帰宅するたびに、「こんな思いをするのはもうたくさんよ」と、母に泣きながら報告した。しかし、先生が私の名前を発音できないという問題は、もう我慢の限界を超えていた。最後に母が言った、「わかったわ。次の学期に備えて、お前に英語の名前をつけましょう」母自身は英語が分からなかったが、バンクーバー時代に尊敬していた二人の女性の名前が頭にあった。一人はリリー、もう一人はグレイス。母も私も、「次の学期には、グレイスという名前で登録しよう」と合意した。

私は、折に触れて後悔することがある。それは、私があまりに「自己中心的」であったこと、つまり、弟たちのことなどまったく眼中になかったことである。当時、私は自分の不満しか頭になく、母の注意と配慮を自分に向けさせることしか考えていなかった。そもそも母には兄弟がいなかったので、男の子をどうしたらよいのか経験も知識もなかったのだ。まさに、「男子はなるようになる」という次第だった。母は一八歳で結婚し、すぐに子どもを産んでいる。では男親の父はどうかと言えば、仕事が見つかればどこでも出かけていくので、家にはいないのが常だった。とくにミドルチャーチにいた頃は、圧倒的に仕事優先だった。なにしろ冬場には農園の仕事がなくなるのだから。

下の弟ケンジは、幼稚園を経ることなく学校に入学した。上の弟トヨアキは九歳だった。トヨアキは、トムという英語の名前で入学した。私は、校庭でトヨアキが喧嘩をしているのを見たことがある。クラスメートは、トヨアキを「トヨ・ワッキー」と呼んでいた。でも、トヨアキは、私のように母に不満を訴えることはなかった。彼が嫌な思いをしていたのは間違いない。しかし、彼は、その思いを母と共有することができなかったのだ…女である私のようには。

学校は、家から四〇〇メートルの距離にあった。天気がよくても悪くても、歩いて登校した。雨の中を帰宅した日、母に言った、「ラッキーだったわ。車に乗った人が通りかかって、家まで送ってくれたの」母は答えた、「よかったわね。いい人はいるものよ」

当時は、通りかかった車の人から「乗っていきませんか」と言われれば、喜んで飛び乗ったものだ。私たちを「ジャップ」ではなく、普通の子どもとして扱ってくれる人たちもたくさんいた。

今時の親であれば、数ブロック先の学校にだって自力で歩いて行くのは許さないだろう。とくに自動車が走る道であれば、徒歩は危険だと自分の車で送り迎えをするか、スクールバスに乗せることだろう。しかし、母にとっては、そんな単純な発想は無意味だった。冬になれば、父親は遠くに出稼ぎに行って不在である。家事も子どものこともすべて自分でやらねばならない。他にあるとすれば、一番上の子（つまり私）を信頼して下の子どもを託すか、あるいは、マニトバの田舎に住む人間を信頼するしかなかったのだ。

よそ者扱いされていることを感じた事件が、学校に入学する少し前にあった。雨が降って農園の作業ができない日、母は、イートンという店で買い物をするために、私と一緒にバスに乗ってウィニペグの市内に行った。母とウィニペグ市内に行くのは楽しみだった。（分散政策によってロッキー山脈の東に移住させられたが、ウィニペグ市内に住むことは許されていなかった。）イートンに行くと、裁縫の名人であった母は、まず洋裁の本のコーナーに向かった。そして、次の裁縫仕事に備えて、バーゲンの生地を見に行った。あるいは、新鮮な魚を売っている地下にも行った。買うのは、値段が手頃なサバだった。当時まだ冷蔵庫を持っていなかったが、サバをなるべく新鮮なまま保存し、大好きな叔父が寿司をつくってくれた。

事件が起こったのは、ウィニペグに行くバスに乗り込んだ時だ。私よりも年上だったと思うが、一人の少年が、その母親に大声で言った、「見て！ママ。ジャップだ！」。これが、よそ者として周囲の注目にさらされた最初の経験だった。

事件当時、私は、「人を分類すること」自体がよく理解できなかった。でも、あのバスの中で受けた心の傷は、その後何度も蘇ってきた。「人種差別」という言葉も知らなかった。ただ、他の生徒や先生との交わりの中で感じた違和感。「私には欠陥がある。彼らの仲間ではない」という漠とした認識。それらは、教室の外の生活で確固たるものになった。ずいぶん後で読んだフランツ・ファノンの本「黒い肌と白いマスク」には、そのような違和感や認識が雄弁に語られていた。

ある日、父が家族をウィニペグのスターランド映画館に連れて行った。「サリバン」という映画で、太平洋戦争で戦死した五人兄妹の悲劇的なストーリーだった。思い起こすと、不思議なことがある。日本人が家族六人でバスに乗り込めば周囲の目を引くのは当然だ。それにもかかわらず、なぜ父はウィニペグに行くのにバスをか。

使ったのだろう。なぜ、あの映画を見ることにしたのだろう。戦争のむなしさを描いた映画だったからだろうか。

疑いもなく、日系カナダ人一世は、日本が戦争に負けるわけがないと信じていた…一九〇四年の日露戦争、さらにはすばらしき武士道までを思い起こして。しかし、市民権は与えられていなかったにせよ、カナダで生まれた二世は、自らをカナダ人と信じて疑わなかった。「カナダの敗北で戦争が終わったら、自分たちはどうなるのだろう」、これを二世は心配していた。二世の男たちは、カナダのために戦争に参加した…カナダへの忠誠を示すために。しかし、彼らを見るカナダ政府の目は冷たかった。終戦の後でさえ、マウントバッテン司令長官（初代ビルマ司令長官）率いる英国軍は、日系カナダ人が伍長として従軍し、ビルマで通訳業務に当たることを要求した。最終的には、カナダ政府もこれに同意した。カナダ軍に登録された若き二世のうち通訳業務が無理な約百人は、伍長から民間兵に格下げされた。

母は日本の勝利など信じていなかった。しかし、日本には祖母と一番上の娘がいた。しかも、すべての手紙は検閲されていたので、二人の消息は何もわからなかった。母は、こう言っていた、「竹槍と刀しか持たない国が、巨大な軍需工場を持ち、世界中に植民地をつくってきた国に勝てるわけがない」

ミドルチャーチでの生活は、最初から一時的なものとされていた。両親は、移動すべき次なる土地を見つけねばならなかった…家族を養うに十分な収入を得られる仕事がある土地。ミドルチャーチの農園がくれる日当四ドル（二人分）では、六人家族が生きていくには不十分だった。雨が降れば、そして冬場には仕事がないので、日当もなかった。父は、モススプールと呼ばれる工場に仕事があることを友人から聞いた。その工場がある隣町ホワイトマスへと引っ越した。

第六章

終戦、なお続く統制

母の手記

一九四五年八月一五日、戦争が終わった。私たちがラズベリーを収穫していると、マンサー氏が畑にやってきて、日本が降伏したこと、ウィニペグ市内で大きな戦勝祝賀会が行われることを伝えた。ミントにいた頃からラジオを聞いていたので、おぼろげながら戦況は分かっていた。しかし、改めて無条件降伏について聞かされると、日本にいる祖母、娘、親類のことが思い出され、しばし言葉が出なかった。

戦争ならずとも喧嘩をすれば、一方が勝ち、もう一方が負ける。私たちは、「敵性外国人」というレッテルを私たちに貼った国に住んでいる…その国に帰化しているとは言え。苦難は覚悟せざるをえない。赤円マークを背に労働するドイツ人戦争捕虜とともに、野菜畑で肉体労働をしなければならなかった。

その年の冬が過ぎた。しかし、もう戦争は終わっているのに、ウィニペグ市内に引っ越すことは許可されなかった。

ホワイトマスという場所に賃貸アパートを見つけた。マンサー氏の農園にある家からアパートに引っ越したのは一九四六年春のこと。ホワイトマスは小さな町で、ウィニペグと同じくらいの距離にあった（ウィニペグはミドルチャーチの西方向、ホワイトマスは東方向にあった）。ホワイトマスには学校もホテルもあった。私たちは、アーニー・ウェッブ氏の車庫の後ろ半分を借りて住んだ。夫は苔収集店「モス・スパー」に職を見つけた。その後、オンタリオ州ドライデンにある製材所に転職した。私自身は子どもたちの世話をしつつ、バンクーバー時代に習った裁縫で町の人たちの服を縫ったり、修繕したりして生計を助けた。ミントに住んでいた時、週に一度、ワタダさんという女性に洋服のデザインを習っていた。ワタダさんは、バンクーバーにいた頃、カワノ・デザイン学校に通っていた。

ホワイトマスの隣人はとても親切にしてくれた。隣人の一人は、洗濯機を使わせてくれた。子どもたちは毎日学校に通い、日曜は合同教会の礼拝に行った。当時、礼拝には、ロイス・フリーマンという若い女性の学生牧師がウィニペグから来ていた。彼女から、エイコや同年齢の子どもたちはさまざまな指導を受けていた。

ホワイトマスには、オイエさん家族（四人の息子と一人の娘。娘はサカイ・キヨシさんと結婚し子どもが三人いた）が住んでいた。その家族はわが家からほど遠くない大きな家に住んでいた。他に、ハヤカワさん家族（五人か六人の家族）も住んでいた。ホワイトマスは小さな町だったが、中心街には商店が並び、教室が数室の学校もあった。

鉄道の駅もあり、農家の人たちは、汽車で農産物を市場に出荷していた。汽車は、いくつもの貨車を引っ張っていた。家の周り一帯は草原だったので、地平線に沿って汽車が走る光景を楽しむことができた。長い貨車を見ながら「一、二、三、四、五、…」と口ずさんだものだ。

ある日、珍客があった。ハマデ・イッジさん、ドイ・マタイチロウさん、ニシムラ・ヒデオさんの一行。一行は、ウィニペグに仏教のお寺を開くというミッションを受けてやってきたのだった。仏教の経典にも詳しいニシムラ・ヒデオさんがウィニペグに決定したそうだ。私は、急いでオイエさん、サカイさん、ハヤカワさんに連絡し、わが家に集合することにした——リンゴ箱を間に合わせの椅子にして。

ニシムラ・ヒデオさんがお経を唱え出した。お経の合間合間には「チーン」というベルを鳴らす。そのたびに、子どもたちはどっと笑った。なにしろ、お経を聞くのは初めてなのだから。とにもかくにも、これがマニトバ州への「仏教伝来」だった。その後、ハマデさんはブリティッシュコロンビアに戻ったように記憶している。

この時、カナダに来て初めて、日本にいた頃に郷愁の念を抱いた。私の母が亡くなったのは、私が一七歳の時。その時のことを思い出した。「仏教伝来」の一件があって以降、毎晩、仏壇に手を合わせるようになった。父ヤマモト・フクマツのこと、まだ生きている姉妹のことを思いながら、覚えていた「正信念仏偈」(しょうしんねんぶつげ；訳注：親鸞の著書『教行信証』の「行巻」末尾に所収の偈文)を唱えた。【以上、母の手記】

確かに、一九四五年、戦争は終わった。しかし、日系カナダ人の自由は回復されず、西海岸に戻ることは許されなかった。いや、たとえ西海岸には戻れたとしても、そこにはもう「わが家」はなかった。西海岸に置いてきたすべての私有財産は、収容地が設置されて間もなく政府に没収され、所有者の同意なしに売却されていた。

戦時中、日系米国人も米国憲法にしたがって、鉄条網に囲まれた収容キャンプに送られ、軍隊の監視下に置かれた(そもそも米国憲法によれば、米国生まれであれば誰でも一市民としての資格が与えられた)。しかし、終戦が近づくと、一九四五年の初めには、日系米国人は自由の身となり、西海岸に戻ることも許可された。それとは対照的に、日系カナダ人は、追放者、外国人、非カナダ人としての放浪を続けざるをえなかった。帰りたくても帰るべき家はなかったのだ。

　私たちがホワイトマスに引っ越した一九四六年、父は、親切なウクライナ系移民夫婦が所有する家屋の二階部分を借りることができた。しかし、二階部分だけでは狭すぎたので、ガソリンスタンドの後ろにあった三部屋の家に引っ越した。その家は、アーニー・ウェッブさんの所有で、町のはずれにあり、大きな道路にも近かった。広さは必ずしも十分ではなかったが、裏庭からメインフロワーに入るドアも付いていた。ウェッブさん夫妻はわが家の隣に住んでいた。私たちにとても親切にしてくれた。新しい洗濯機を買ったからと言って、それまでの洗濯機を母にくれた。母は、アルミの洗濯だらいに木の洗濯板でゴシゴシ洗っていたので、洗濯機をもらったことに大層感謝していた。

　母の手記にもあるように、政府の分散政策によって、少なくとも日系カナダ人数家族がすでにホワイトマスに移住していた。そのうちの一家族は、わが家から歩いてすぐ近くのところに住んでいた。第三章で、一九四二年に西海岸で船ごと行方不明になり、病院で会った時には舌を切られて話すことができなかった漁師の話をした。近くの家のお婆さんアサコ・オイエさんは、その漁師の妻だった。

　オイエお婆さんは、毎週のように母を訪ね、あの事件に対する悲しみを切々と語った。漁師は、事件の影響で亡くなったらしい。私は、彼の死について政府に捜査を依頼したのだろうかと常々思っていたので、最近、ウィニペグに住む漁師の孫娘に、その旨を尋ねてみた。孫娘は、丁寧に検死報告書のコピーを送ってきてくれた。その薄い報告書には、「漁師は病院で自殺を図り、窒息死した」とだけ書かれていた。彼は、自ら呼吸器を外したに違いない。彼の船が発見された後、彼がどのようにして病院に連れてこられたかについては、何も記述がなかった。周囲の日系カナダ人にはいかにもショッキングな事件ではあっただろうが、当時の政府（あるいは、その後の政府）は何も関心を払わなかった。まともな捜査など行われなかったのだろう。

ホワイトマスのコミュニティで暮らした三年あまりは、おおむね楽しかった。私は、ティーンエイジャーになった。コミュニティの住民や学校の友だちとも自然に付き合うことができた。

ホワイトマスの人々は親切で寛容だった思い出がある。ミドルチャーチの人たちのように、うさんくさい目で見る人はほとんどいなかった。ミドルチャーチで友人と言えるのはクラスメートのメアリー・サーナだけだった。彼女は、大きな道路を渡るのも怖がらず、私の家まで来てくれた。当時、私はいつもよそ者気分で、自分から友人をつくる勇気はなかった。メアリーが家に来てくれた時、一緒においしいリンゴを食べたのを覚えている。ヴァーノンに住んでいた叔父コウノスケがチバ農場（叔父はチバ農場で働いていた）から送ってくれたリンゴだった。私たちがロッキー山脈を超えて東に、マニトバに移動している頃、叔父は家族のいる日本に戻る準備をしていた。つまり、政府の分散政策・本国送還政策のうち本国送還を選んだのだった。

ホワイトマスに移住して幸せだった理由の一つは、駅長の若くて魅力的な娘と出会ったことにある。彼女は、仕事で家族と別れて生活していたが、ごく最近、自宅に戻ってきていた。彼女は、快く話のできる最初の白人女性だった。彼女も私に興味を持ってくれた。おそらく、彼女は、私が誰かと親しくなりたいのに、その自信がないことに気づいたのだろう。彼女は、つい最近まで来ていた服を私にくれた。その服の一つは、まだほとんど袖を通していないような流行のスーツ二着だった。一着の襟は青、もう一着の襟は金色で、柔らかい毛織りだった。私は、得意満面で教会やイベントにそれらを着ていった。私がもらったもう一つの服は白いジッパー付きのジャケットだった。それを着て野外リンクでスケートをすると、なんだか誇りと自信がわいてきた。最新の流行を追うなど、移民の両親に期待すべくもないティーンエイジャーにとって、言葉では言い尽くせない興奮を感じさせてくれた。

母のデザインセンスは決して悪くはなかった。母は、常にデザイン雑誌に目を通していたし、私がまともな服を着ることができるようベストを尽くしていたからだ。ただ、母のデザインは少々まともすぎた。駅長の娘のような若い女性が流行を追って選んだ服は、専門店にしか売っていない。そのような服に、私は恍惚感を覚えた。

ホワイトマスの市街は快適さで満ちていた。食料雑貨店（服類も売っていた）、金物店、カフェ等々。もちろん、銀行やホテルもあった。金物店の主人の娘は、クラスメートで大の仲良しだった。カフェは、地元の弁護士のピーターソン夫人が経営していた。そこでは、後にウェイトレスのアルバイトもした。

各種の文化活動にも参加した。たとえば、合同教会の合唱隊やCGIT（Canadian Girls In Training）など。CGITは、女性の学生牧師ロイス・フリーマンさんが設立した団体であった。フリーマンさんは、数年後、カナダ合同教会の議長になった。彼女は、日曜礼拝のために、毎週ウィニペグからホワイトマスまでモーターバイクでやってきた。

ある時、フリーマンさんは、ホワイトマス合同教会の理事長ワードロップ氏に私を紹介した。ワードロップ氏は、ウィニペグで開催される合同教会大会に地域代表として出席するよう私に勧めた。多分、フリーマンさんが、そのようにワードロップ氏に頼んだのだろう。私は、週末にフリーマンさんの両親の家（牧師館）に滞在するよう招待された。フリーマンさんの父親は、クレセント・フォート・ルージュ合同教会の牧師であると同時に、合同大学（のちのウィニペグ大学）神学部の学部長でもあった。ウィニペグには、母の買い物に付いていったことはあったが、それ以外では初めての本格的なウィニペグ訪問だった。「大会に地域代表として出席するからには、ホワイトマスに帰ったらきちんと報告できるようにしよう」と心に決めた。フリーマンさんは、ウィニペグ滞在が楽しくなるように気を配ってくれた。ウィニペグは、私にとって「外国」だった。

フリーマンさんは、いわば異文化との接触を通じて、よそ者としての不安と臆病を克服してくれた最初の人だった。彼女とは、何年ものち、バンクーバーでの平和会議で再会することになる。

人間関係の面では、ホワイトマスにやってきて初めて、弟たちと私は新しい友だちと付き合うようになった（ミドルチャーチにいた頃は、そんなことはなかったが）。スケートリンクで一緒にアイスホッケーを観戦したり、友だちと一緒に隣町のラクドボネに行ったり。夜になると、頻繁にスケートリンクに通ったし、タウンホールのイベントでは社交ダンスを踊った。二、三年後、地元のカーリングのクラブに入った。大会で三位になり、各選手は賞品としてきれいな寝室用ランプをもらった。周りの人たちに誘われてクラブに入り、おまけに入賞までするなんて、なんと恵まれていたことか。壁飾り一つない必需品だけのわが家で、私の寝室には美しいランプが輝いていた。

父は、いい仕事を見つけては仕事を変えた。と言っても、仕事先の場所には厳しい制限が課されていたし、永住する自宅を得る自由もなければ、経済力もなかった。ホワイトマスに来て間もなく、父はオンタリオにあるドライデン・ペーパー工場で働き出した。その工場には、すでに多くの日系カナダ人の男たちが雇われていた。母は、ひたすら倹約に努め、政府からいかなる命令が下ろうとも対応できる準備をしていた。

ホワイトマスに来てからも、二人の弟が何をしていたのか、現地にどう馴染んでいったのか、よく覚えていない。私は、自分のことで精一杯だった。ホワイトマスに来た年の秋、私は一三歳になった。弟たちについてももっと関心をもつべき年頃だった。だいぶ後になって、自分に自信がついた頃、当時のことを思い出しながら「弟たちは何をしていたのだろう」と振り返った。当時一〇歳だったトヨアキ（今はトム）は、ホワイトマスに来て、いろいろ苦労したはずだ。ケンジは、まだ七歳だった。

私は、毎日、母の台所仕事を手伝いながら、また小さい妹の世話をしながら、自分の不平不満を母にしゃべった。しかし、トムは、そんなことはめったにしなかった。同じ男の父と相談したくても、父は不在がち。その頃、家族と父が接触する機会は非常に少なかった。現れたかと思うと消えてしまう。父はそんな存在だった。しかし、二週間に一度の週末は、父と夕食を共にした。父は私たちを前にして、とてもうれしそうに微笑んでいた。この特別な週末のために、母は特別の夕食をつくった。近くの農場で買ってきた新鮮な鶏肉のすき焼きが多かった。当時、牛肉は高くて手が出なかった。

私と同様、トムもホワイトマスの雰囲気に親しみを覚えたようだ。近くに住んでいたクラスメートがトムを呼びに来て、一緒に畑仕事をしたりしていた。ミドルチャーチでは、学校のある町なかから離れた場所に、しかも一年ちょっとしか住んでいなかったので、クラスメートとの付き合いは教室か校庭の中に限られていた。

トムも最初は新しい環境と苦闘していたようだ。始業のベルが鳴り、皆、整列して学校の門から校庭に行進している時のこと。ふと見ると、トムが先生に叱られていた。多分、先生の気に入らないことをやったのだろう。私の列からも、トムが大声で怒られているのが見えた。私は走って行って、トムを守った。先生に何を言ったのか覚えていないが、先生は「わかった。自分の列に戻りなさい」と言った。先生は、トムを叱るのをやめた。その先生は、私のクラス担任でドイツ系の人だった。私は、その先生を尊敬してもいた。「もっとがんばりなさい。前に向かって」が口癖だった。同じ敗戦国の血を引くドイツ系カナダ人の教師として、日系カナダ人のことをよく理解していたからだろう。

ホワイトマスでは、徐々にだが確実に、コミュニティの一員になりつつあることを実感できた。コミュニティの文化は、わが家の文化とは大いに違っていた。ホワイトマスの住民は同じカナダ人であっても、背景は多様だった。英国系カナダ人は町なかに住み、ビジネスを営んでいた。主にメノー派のドイツ系カナダ人や東欧系カナダ人は農業を営んでいた。彼らを見ながら、私たち日系カナダ人にもカナダ人としてやっていく可能性があることを学んだ。自らの民族的背景を忘れずに、かつ、カナダ人の一人として「当たり前」にやっていくこと、それが可能であることを理解した。
ある日、ピアノのレッスンを受けたいと母に頼んだ。私は、すでにホワイトマス合同教会の合唱隊に入っていた。母とは毎日、一緒に皿洗いをしながら歌を歌った。母が教えてくれた日本の歌を。

ミントにいた頃は、クラスメートと馬が合わなかった。生徒の大半は、戦前からの中流家庭の育ちだった。彼らは、ラジオの「ヒットパレード」や、持ち込んだレコードで聞く歌を歌っていた。私にはそんな歌を教えてくれる年長の兄姉もいなかったので、流行歌など知るよしもなかった。言うまでもなく、母は一〇年以上も前、強制移住の前にカナダに来て、あくまでも日本人の母親として子育てをしてきた。だから、カナダの文化については、言語も、英語の流行歌も知らなかった。私が知っている英語の歌は、教室で習った歌だけだった。

私は本格的に音楽を学んだことはなかったし、友だちもそうだった。私は、ホワイトマスのタウンホールにピアノがあって、毎週ピアノの先生によるレッスンが行われていることを耳にした。そのレッスンを受けたいと母にお願いした。レッスンの生徒になれば、いつでもピアノで練習することもできた。

おそらく、ピアノのレッスンを受けさせることは、両親にとって「子どもの最後の願いをかなえること」だっただろう。実際、当時は、毎日をどう生きのびていくか、またいつ来るかもしれない政府の命令にどう対処するか、それが両親の関心事だったからである。終戦から三年近くが経とうとしているのに、私たち日系カナダ人は、まだ「外国人」と見なされ、まともな市民権など与えられていなかったのだ。

「子どもがそうしたいと心から願うにもかかわらず、そうできないこと」、母は、それに敏感だった。このことには、母の日本での生い立ちも関係していただろう。「子どもが心から願う価値あることは実現してやりたい」と母は思っていた。母は、ずいぶん悩んだ末に、私がピアノのレッスンを受けることを許してくれた。若干の経済的ゆとりができたこともあった。父はドライデンに仕事を見つけ、安定した収入を得るようになっていた。

また、母も、プロの裁縫師だという口コミが広がり、ある程度の収入を得ることができるようになっていた。

ピアノの先生ジョーガソンさんのレッスンが受けられるようになり、私は天にも昇る心地だった。週末のレッスンが待ち遠しかった。もちろん、日々の練習にも励んだ。

だが、私の楽しみはほどなく崩れ去った。練習に通い初めて二、三ヶ月経ったある日、私がホールを出ようとすると、そこに町の職員がやってきた。年齢は六〇歳くらい、両親よりも上だった。彼は、急に私を抱きしめ、無理矢理キスをした。私は彼をはねのけて、ビルを飛び出した。もちろん、レッスンはやめた。

当時、私は一四歳。どうしたらよいのかまったく分からなかった。この事件については誰にも言わなかった。他のレッスンを探す気にもなれなかった。

当然のことながら、母は失望し、怒った。私の辛抱強さがないのに腹を立てた、「ピアノのレッスンを受けたいとあんなに頼んだのに、こんなに早くやめてしまうなんて」それ以来、ピアノのレッスンのことは禁句になった。音楽とは、これが最後の別れだった。

しかし、レッスンをやめる以外に、私に何ができただろう。今回の事件は、ミントでの出来事（第四章）と同じと言えば同じである。違いがあるとすれば、ミントの時は、「日本文化では、そんなことは許されない」と母は抗議できたかもしれない。しかし、ホワイトマスでの母は、言葉も通じなければ、そんな抗議ができる立場にもなかった。

ホワイトマスでは、住民から寛容に受け入れられたとはいえ、基本的に、日系カナダ人は「招かれざる客」であった。依然として日系カナダ人は政府の統制下に置かれ、連邦騎馬警察から監視されていた。あの理不尽な事件についても、町の職員に抗議したからといって、どうにかなっただろうか。友だちや、その親たちに訴えたからといって、どうにかなっただろうか。私が選べる道は、もう過ぎさった過去の話として、すべてを闇に葬ることしかなかった。

一九五〇年、私たちはホワイトマスに別れを告げ、ウィニペグに引っ越した。私は、ホワイトマス高校の一年生だった。クラスメートが、盛大な送別会を開いてくれた。彼らがくれた小さなスーツケースの贈り物、そして、ビリー・アイケンヘッドのスピーチを、今でも懐かしく思い出す。ビリーの妹コニーとは大の仲良しだった。他に思い出すクラスメートは、クララ・シンクレア、ジョン・ポールソン、そして一番の仲良しアニタ・ヒル。

一九四六年から一九五〇年にかけてのホワイトマス時代には、全体としては楽しい思い出がたくさんある。しかし、ミントと同様、ホワイトマス時代を懐かしく振り返ったり、友だちとの交流を続けることはなかった。それは、新しい環境が待ち受けていたからだ…大都市ウィニペグとそこでの学校。

第Ⅱ部

戦後

第七章

ウィニペグへ

一九四八年に成立した選挙法によって、国政選挙の人種差別が撤廃され、アジア系カナダ人も選挙権を獲得した。日系カナダ人も、一九四九年の地方選挙で初めて一票を投じることができた。激しい政治的議論を経て、日系カナダ人は市民権を獲得。いちカナダ人の西海岸帰還を禁じた下院令も撤廃された。一九四九年四月、ついに日系カナダ人は市民権を獲得。いちカナダ市民として、どこにでも移住できるようになった。

こうして西海岸に戻ることも可能になった。しかし、終戦の後も、分散政策によって長らくロッキー山脈の東側に住むことを強制された影響は大きかった。私たちは、マニトバ州の田舎に暮らしていたが、西海岸に戻るのではなく、都市ウィニペグ（マニトバ州の州都）に居住することを選択した。

家計を考えれば選択の余地はなかった。かつて大いなる夢を抱いてカナダでの生活を始めたバンクーバー。そこに帰ることは不可能に近かった。バンクーバーに帰っても住む家はない。父が復帰する職場もない。所有物は、政府によって没収され、ある物は盗まれ、ある物は競売にかけられた。両親にとってマニトバ州に残ることと、これしかなかったのだ。マニトバであれば何とか職を得て、学校に通う四人の子どもを養うこともできる。また、もう一〇年以上も祖母と一緒に日本にいる長女キクコを呼び戻すこともできる。

幸い、ウィニペグは父がよく知る地でもあった。父は、独身時代、ウィニペグの鉄道会社が経営するホテル、ロイヤル・アレクサンドラ・ホテルで結構楽しく働いていた。両親に不安があったとすれば、それは、ウィニペグでも日系カナダ人差別があり、家探しや仕事探しの妨げになるのではないか、ということだけだった。

私たちがウィニペグに引っ越した時、近隣コミュニティのリーダー格の人から釘を刺された、「人種差別主義者の敵意を買わないために、日系カナダ人はなるべく散り散りに住むようにという首相の勧告を忘れるな」

このように、私たち日系カナダ人は、日系カナダ人が集住して（バンクーバーのような）コミュニティを作らぬよう警告されたのだ。両親はすでにカナダに帰化していた。子どもはみなカナダ生まれ。日系カナダ人の中にはすでに三世も誕生していた。カナダには、経済的な貢献もしていた。それでもなお、日系カナダ人は外国人、さらには「エイリアン」と見られた（訳注：エイリアンは差別的な意味での「外人」）。

こうして、ウィニペグでは、それまで隣近所に住んでいた日系カナダ人同士も散り散りに住むことになった。さらに、被差別意識を共有するヨーロッパ系移民とも離れて住むよう要求された。この頃、約三〇〇の日系カナダ人家族がウィニペグに移住した。彼らは、周囲の冷たい視線を浴びながら、新しい環境での家探し、仕事探しをしなければならなかった。

母の手記

すでにウィニペグに住んでいたヒラヤマ・ハッピーさんが、親切にも大きな家を貸してくださった。部屋数も私たちの家族には十二分だったし、家賃も収入に釣り合っていた。末娘のケイコは兄姉と一緒に小学校に通い始めた。夫は、ハッピーさんの口利きで、すでに何人かの日系カナダ人が働いていた製革所に雇ってもらった。私自身は、縫製工場で働き始めた。

縫製工場で働き始めた最初の日、工場に通う人の多さに驚き、同時に心強くも感じた。工場では、パーカー（訳注：フード付きの上着）の大量生産が行われていていた。一〇～一二枚の布地が重ねられ、一番上の布地に描かれた形どおりに切断された。作業は完全な分業だった——フードを縫う人、ジャケットを縫う人、仕上げをする人、ボタン穴をつける人、等々。作業に慣れるまでは時間給、ある程度慣れると出来高給だった。私は、パーカーの他に、ジーパン、上着、男性用シャツの製造部門に配属された。

私は、毎朝通勤時にはハンカチを頭につけていた。寒い時には、零度以下の気温になる。当時、バスは石炭を燃料に使っていた。私のように眼鏡をかけていると、寒いバス停からバスに乗り込んだ瞬間、眼鏡が曇って何も見えなくなる。頭のハンカチは、その時に眼鏡を拭くためだった。いつしか石炭が石油に変わったが、いつごろかよく覚えていない。

ある日のこと、残業を七時に終え、英語を習っていたダニエル・マッキンタイア高校へと向かった。毛皮の手袋にバス代を握りしめていた。しかし、いざバスがやってきて乗り込もうとした時、二〇セント硬貨が足りないことに気づいた。バスを待っている間に、手袋の指の隙間から落としてしまったのだ。でもバスの運転手さんはとても親切だった。「オーケー、早く乗りな」今でも、あの親切は頭に残っている。

ダニエル・マッキンタイア高校では、二年間、初心者クラスで英語を勉強した。しかし、単語の発音はある程度わかるようになったが、意味を理解するのは非常に難しかった。なにしろ、いったん自宅に帰れば、日本語ばかり。英語は、もっぱら子どもたちに頼っていた。もっと英語の実力を磨いておくべきだった。悔やんでも悔やみきれない。

【以上、母の手記】

母は、ウィニペグという都会での新しい生活に大きな期待を持っていたと思う。その期待を実現する第一歩は、子どもたちと同じくらいに英語を使えるようになることだった。しかし、縫製工場での長時間労働。一緒に働く人たちは英語で話をする。その会話の端々は理解できても、会話の輪の中には入れない。「もっとまともに英語を話したい」、独立心の強い母は、そう思ったはずだ。

結局、母は、「新しいことを勉強するには歳を取り過ぎた」と、英語学校を止めた。また、英語の実力を磨けなかったことを悔やんでも悔やみきれないとも手記に書き残している。でも、私には、それが母の本心だったとは思えない。毎日毎日、縫製工場でくたくたになるまで働かねばならなかったのだ。その中で、英語を使えるようになるという初心を貫徹するのは至難のわざだったに違いない。

とは言え、両親にとって、都会ウィニペグに定住できたことは、カナダに来て初めて感じた喜びでもあった。もはや生きのびるためだけに働くのではない。それまで果たせなかった夢を実現する可能性があった。

＊＊＊

一九五〇年、ウィニペグは大規模な水害に見舞われた。その時のことを、母は次のように綴っている。

母の手記

下水管が溢れ、わが家の地下室は水浸しになった。地下室の中央には、家中を暖める暖房炉が設置されていたが、それも水に浸かった。私たちは、暖房炉にスコップで石炭をくべようとしたが、水浸しで火がつかない。

「水が引くのを待つしかない」、そんな状態だった。

ところが、ある日、仕事が終わって帰宅すると、夫が勤めていた会社、スターリング社から何人かの人が応援に来てくれていた。彼らは、機械を使って地下室から排水してくれた。「どこへ行こうと、助けの手を差し伸べてくれる親切な人がいるものだ」と思った。

水害の後、私たち家族も、同じく借家人だったもう一つの家族も、しばし寒さに耐えねばならなかった。しかし、応援のおかげで地下室の排水が終わり、暖房炉も正常に動き出した。【以上、母の手記】

母は、マニトバ仏教会の運営委員として熱心に活動していた。マニトバ仏教会は、すでに建物も完成しており、各種の活動を展開していた。母は、仏教会の活動の一環として、日系の若者たちが水害被災地に土嚢を積むボランティア活動に携わっていることを知り、それに参加するよう私に勧めた。それまで、私は、家族の知り合いを通じて二、三の若者との面識はあったが、被災地でのボランティア活動は、初めて「日系カナダ人コミュニティ」との関わりを持つきっかけになった。

そうは言うものの、土嚢積みの活動をしながら何人かの友人もできはしたが、コミュニティの一員になることなどほとんど考えていなかった。実際、他の若者と行動を共にするのに楽しさを感じたわけではなかった。活動を共にした若者のほとんどは私より少し年上だったし、社会貢献を通じてすでに日系カナダ人コミュニティとの関係を深めていた。人によっては、日系カナダ人コミュニティを超えて、もっと広いコミュニティとの関係も持っていた。一方、私自身にとっては、そして、弟妹にとっても、一番重要なのは都会の学校に慣れることだった。

ウィニペグに着いて間もなく、アイ・オウツさんからウィニペグの北端にある高校、ジョーンズ技術高校を紹介された。オウツさん一家は、私たちに先立ってウィニペグに居住していた（アイ・オウツさんは、私より年上で、ほどなく普通高校を卒業、マニトバ北部にあるノルウェイ・ハウスという学校の教師になった）。ちなみに、アイさんは、ゲンジ・オウツ氏の娘。ゲンジ・オウツ氏は、コウノスケ叔父さんの戦前スティーブストン時代の漁師仲間だった。

ジョーンズ高校の生徒の多くはユダヤ人だったが、スカンディナビア系、ウクライナ系、ポーランド系の生徒もいた。今、当時を振り返れば、民族的背景を異にする多様な人たちが、よくぞ共存し合っていたものだと思う。

ジョーンズ高校に入ったのは幸運だったが、ショックなこともあった。ジョーンズ高校は都会の大規模な高校。一方、それまで私が在学した学校（ミドルチャーチとホワイトマスの学校）は、複式学級で、一人の教師が全科目を担当するような学校だった。ジョーンズ高校には、先生と胸を張って議論する生徒もたくさんいた。それに比べると、私は、まるで初めてアルファベットを勉強する外国人生徒のようだった。体育の時間でさえ、新しい経験の連続だった。私は、バスケットボールも、バレーボールも、社交ダンスもまったく知らなかった。

ジョーンズ高校は、私たちの借家（イザベル通り二八七番地）からサルター橋を渡って、ほど遠くない場所にあった。両親は、毎日のバス代を節約するためにと自転車を買ってくれた。生まれて初めての自転車。

弟妹は、自宅近くの小学校に通学した。下の妹ケイコは二年生。ホワイトマスにいた時と同様、ウィニペグに来てからも、二人の弟妹が無事に帰宅するのを見届けること、そして、両親がそれぞれの仕事から帰宅するまでに夕食の準備を始めておくことが私の役割だった。

母の手記にもあるとおり、ウィニペグへの引っ越しには、日系カナダ人コミュニティの手助けがあった。最初マニトバの砂糖大根農場で働いていた数家族が、すでにウィニペグに溶け込んでいた。それらの人々の中から、日系カナダ人コミュニティのリーダー格になる人も登場。そのほとんどは年長の二世であり、英語と日本語の両方に精通していた。彼らが、新しくウィニペグに来る日系カナダ人の面倒をみた。母の手記には、ハロルド・ヒロセ氏、シンジ・サトウ氏、ハッピー・ヒラヤマ氏らの名前が記されている。ヒラヤマ氏は、両親の借家探しも手伝ってくれた。

リーダー格の中でも、とりわけハロルド・ヒロセ氏は、日系カナダ人コミュニティの尊敬を集めていた。一九四七年七月一三日、連邦政府は、ヘンリー・バード判事を委員長とする特別委員会（ロイヤル・コミッション）を設置し、日系カナダ人の私有財産の戦後補償をめぐる審議を開始した。これに備えて、一九四六年、マニトバ日系カナダ人協会は、財産損失賠償委員会を立ち上げた。ヒロセ氏は、この委員会の委員長を務めた。委員会の法律顧問は、サウル・チャーニアック（チャーニアックは一九六二年から一九八一年までマニトバ州立法府のメンバー…後のカナダ総督エド・シュレイヤーの新民主党政権の閣僚）。一九四八年、委員会に対する事情聴取がマニトバで行われたが、予想に違わず政府側の賠償提案は不満足なものだった。

日系カナダ人に対する差別は根強かった。ウィニペグには来たものの賃貸住宅や雇用を断られた事例は数多くある。しかし、その一方で、親切かつ寛容な対応もあった。とりわけ、ウィニペグのユダヤ人コミュニティからは住宅や仕事の提供が多かった。他ならぬわが家もユダヤ人の地主から借りたものだったし、父はユダヤ人経営の企業スターリング・ファー社、母も同じくユダヤ人経営の縫製工場で職を得た。

当時まだ一〇歳代だった私には分からなかったが、ユダヤ人差別はひどかったようだ。のちに、それを思い知らされたショッキングな出来事があった。

一九六〇年代、私は、ウィニペグでも有数の法律事務所に秘書として雇われていた。ある日、事務所の同僚たちが、メンバー制クラブで仲間の送別会を開いた。私は、事務所に一人残って仕事をしている弁護士がいるのに気づいた。「どうして送別会に行かないのですか」と尋ねた時の彼の答えは胸に突き刺さった…「あんな場所（メンバー制クラブ）に行けるものか。俺たちは立ち入り禁止なんだぜ」。私は、ユダヤ人がメンバー制クラブから排除されていることを知った。それだけではない。ウィニペグのある区域では、ユダヤ人は住宅の購入からも排除されていた。

ハロルド・ヒロセ氏に話を戻すと、彼は、第二次世界大戦の退役軍人であった。二世の一人として、英国軍の召集令に応じ、終戦間近には東南アジアで通訳業務に携わった。シンジ・サトウ氏の息子アキも召集令に応じた一人であった。言うまでもなく、若者たちにとって、召集令に応じるか否かは難しい決断だった。彼らは、カナダ生まれであるにもかかわらず、市民権は与えられていなかった。一方では、ファシズムと戦うことによってカナダへの忠誠を示し、一人前のカナダ人として認められたかった。しかし、他方では、すでにカナダに帰化している両親や年少の（カナダ生まれの）弟妹は「敵性外国人」として強制収容地に収容されていたのだ。

私は今でも、当時、シンジ・サトウ氏が息子の召集令について行った演説を感銘深く覚えている…「私（サトウ氏）は息子の決断にまったく異論はない。それは、彼自身にとっても、皆さん方にとっても、また、すべての日系カナダ人にとっても最良の決断である。一世の中には、それは祖国への裏切りであると考える人もいる。しかし、私は、そうは思わない。確かに、自らが生まれ育った祖国を攻撃するのに何の躊躇もないと言えば嘘になる。私たち一世は、出征する二世の諸君よりもはるかに祖国のことを知っているからだ。日本には多くのすばらしいものがある。また、世界に誇れる優れた人材をも輩出してきた。しかし、われわれは日本と戦わねばならない。この戦いは、日本のすばらしい文明を破壊する戦いではない。日本をファシズムから護り、民主的な政治を取り戻すための戦い、次の世代のための戦いなのだ」

多くの二世退役軍人もサトウ氏に賛同した…ジョージ・ヒガ氏、トム・ホシザキ氏、クラーク・イトウ氏、ジム・マツオ氏、エルマー・オイケ氏、ビル・ササキ氏、ゴロウ・スズキ氏など。

私は、一〇代の終わり頃、マニトバ日系カナダ人協会でボランティア活動を始めた。その活動の中でシンジ・

サトウ氏は多くのことを教えてくれた。ウィニペグが多文化交流の場であること、多くの文化的・政治的グループが存在していることなど。また、さまざまなグループの歴史的背景、とくに、東欧系移民の歴史について学ぶこともできた。

こうして、私の「社会」を見る目が一新された。白人とアジア系の対立といった単純な捉え方は過去のものとなった。社会は、多様な人間の集まりなのだ。それを前提にして自分自身の立ち位置を考え、大きな世界に羽ばたいていかねばならないと思うようになった。

第八章

キクコの帰還

母の手記

長女キクコは、一九三九年以来、日本で義母と暮らしていた。毎日、片道二里（八キロ）を級友と歩いて高校に通っていた。カナダと同じく、日本でも中学と高校が分離され、高校進学には中学の卒業証書が必要になった。中学を出て仕事につく人がほとんどで、高校進学者は少なかった。

義母は、高校にお金がかかり自転車を買ってやれないので、自転車を送ってくれと頼んできた。折も折、ホワイトマスに、一九四六年の政府法令（訳注：日系カナダ人の日本帰国を促進する法令）にしたがって帰国を決めた家族がいた。そこで、その家族に自転車を運んで欲しいと頼んだ。自転車は、無事キクコに届けられ、自転車通学ができるようになった。

終戦までは、義母の住む村にも米軍機が来襲したと聞いていた。マシンガンの砲火で村中がてんやわんやの騒ぎになっていたそうだ。

一九五一年二月、一九歳三ヶ月のキクコが、カナダに向けて横浜港を出発した。甥のニシキハマ・テルオ（二三歳）とニシキハマ・ヨシハル（二四歳）も一緒だった。義母と、私の妹ヒデヨが横浜港で三人を見送った。

ついにキクコがカナダに戻ってきた。当時は、飛行機は使えなかったので、次女のエイコが汽車でバンクーバーまで出迎えに行った。私たちは、ウィニペグ駅でキクコと再会した。

思えば、どうしてキクコを日本に行かせたりしたのか、いくら悔やんでも悔やみきれなかった。毎晩、キクコのことを思い出しては涙した。頭に浮かぶキクコは、いつまでも別れた時のキクコ、わずか八歳のキクコだった。再会の時には抱きしめたい、それも少女のキクコだった。しかし、当然のことながら、ウィニペグ駅に降り立ったのは若い一九歳の女性。彼女が抱擁しようと近づいた時、ほんの一瞬だが私は躊躇した。この一瞬の躊躇が、その後のキクコの私に対する冷たさにつながったと思っている。できることなら、時計を逆戻りさせて、あの一瞬を取り消したい。

キクコは、日本で、義母の一人っ子のように育てられた。しかし、カナダに帰ってみると、四人妹弟がいる。四人の妹弟は英語で会話をする。しかも、私は一番下の子どもにかかりっきり。キクコは、自分の部屋に閉じこもり、短歌や俳句を書いていた。寂しかったに違いない。かわいそうだったが、どうしてよいのか分からなかった。

キクコは、英語を勉強するかたわら、美容師の道を選んだ。妹弟と少しでも英語で話せるよう努力した。昼間は美容師として働き、夜は、仏教会の日本語学校で日本語を教えた。

キクコが戻ってほどなく、一九五三年、私の家族は借家住まいにピリオッドをうち、自宅を購入した。

【以上、母の手記】

戦前バンクーバーで姉と過ごした頃のことはほとんど記憶に残っていない。姉が日本に行ったのは、私が幼稚園に通っていた頃。覚えていることと言えば、道を歩く時、二歳上の姉が、私の肩に手を回して私を守っていたことくらいである。その姉が突然いなくなったのは、当時五歳か六歳だった私には大きな戸惑いだった。私には、姉に代わって「長女」としての役割が求められるようになった。

母によれば、祖母が孫に会いたいと頼んできたそうだ。折しも日本に行く親戚がいたので、両親は、姉と私を連れて行ってもらおうと考えた。しかし、私は、行きたくないと泣きやまなかった…私はすごい「泣き虫」だったそうだ。姉が日本に行く直前に撮った写真が残っている。その写真には、姉と私が並んで写っている。二人とも母が作ってくれた服を着て、お揃いの帽子をかぶっている。母は、二人が一緒に日本に行くと信じていたのだ。

随分後になってからだが、当時、日系カナダ人が子どもを日本に送り、親戚と暮らすようにするのは珍しくなかったことを知った。実際、多くの子どもたちが日本で教育を受けるために、日本に送られていた。カナダにいたのでは、高い学歴を積んで専門職につくことは望むべくもなかったからだ。親はカナダに残って仕送りを続けた…いつの日か子どもが戻ってくるのを待ちながら。

私は、姉を「ねーちゃん」、「きくちゃん」と呼んでいた。そもそも、ねーちゃんの日本行きは短期滞在のためだった。しかし、ねーちゃんが戻ってきたのは、なんと一二年後の一九五一年。その時になって、やっとカナダ政府がわが家の経済状態を調査し、入国を許可してくれたのだ。

姉の入国を迎えるために、私は一人でバンクーバーまで行った。両親は、仕事に追われる毎日で、バンクーバーまで行く日程を取ることさえできなかった。それにしても、世間知らずの一七歳の小娘を、一人でウィニペグからバンクーバーまで汽車で二晩の長旅をさせるとは、なんと両親から信用されていたことか。思うに、姉がいなくなって以来、私は四人の子どもの最年長。私は、何かにつけ年齢以上の期待を担わされていた。そもそも姉の出迎えは、私が一人でバンクーバーに行くより他に選択肢はなかった。汽車は、私よりも少しだけ年上の兵隊でいっぱいだった。幸いにも兵隊たちは、とても親切で気さくだった。二、三人の兵隊とおしゃべりに興じたのを覚えている。

日系の旅行代理店、イワタ・トラベルが、姉の入国のための細かな手続きをしてくれた。入国最初の日のホテルも手配してくれた。とにかく姉と再会できたのはうれしかった。私たちは、同じベッドに横たわり、夜遅くまで「姉妹の会話」を続けた。私が日本語を話せたのはラッキーだった。姉が口にする英語まじりの表現には、時々正しい発音を教えたりもした。おそらく、私の日本語の発音もお粗末なものだったに違いない。日系カナダ人の間で交わされる日本語は「通じさえすればよい」というレベルだったからだ…「カラオケ」が「キャリオキ」と発音されるように。

言うまでもなく、ほとんど記憶のないバンクーバーに一人で行くのは不安だった。しかし、わが家の代表として姉を出迎えること自体に、ためらいはなかった。私は、常に三人の弟妹の面倒をみるよう躾けられてきた。両親が仕事で無理ならば、姉の出迎えは当然私の任務だった。

姉キクコは、家族とカナダ文化の両方に溶け込むという二重の苦労を背負わざるをえなかった。ウィニペグ駅に降り立った時、二人の弟が浮かべた戸惑いの表情ははっきり覚えている。弟たちはキクコが長女として家族に合流することを楽しみにしていた。しかし、キクコがまともな英語を話せないのが分かるやいなや、彼女とは距離を取るようになった。母は何とかできなかったのか？　なぜ三人の弟妹が姉をうまく受け入れるよう、事前の準備をできなかったのか？　しかし、母にしてみれば、自分自身の準備も整えることができなかったのだ。母の手記にも綴られているように、駅に降り立った長女に母は一種のショックを受けている。長女は、もはや母の頭に残っていた「子ども」でもなければ、ずっと再会したいと願ってきた「子ども」でもなかった。

キクコにとっては幸運なことに、この時期、少なからぬ「帰加二世」たちがカナダに戻ってきた。帰加二世とは、カナダで生まれ育ったが、短期滞在や教育のために日本に渡り、終戦まで（あるいは、戦後も続いた統制がなくなるまで）カナダに戻れなかった二世のことである（訳注：帰加とは「カナダに帰る」の意。キクコ自身も帰加二世である）。ウィニペグにも、帰加二世をもつ家族がいた。その中から、二人の若い女性（マツバラさんの姉妹）と何人かの若い男性がキクコと親しくなった。彼らは、夏の週末にはグランドビーチ河畔でキャンプを楽しんだ。私もキャンプに参加した。また、両親がビバリー通りに新居を購入した数日後、キクコの親しい帰加二世たちを招いてパーティが開かれた。帰加二世たちは居間で日本語の歌を合唱した。私も一緒に歌った。

キクコは、カナダに戻らず、日本での生活を続けた方がよかったのではないか、と思うことがある。日本でのキクコを知る親戚や友人の話によれば、キクコは成績優秀で高等教育への進学を希望していたそうだ。戦争の余波が残る中にあっても、祖母はキクコの進学を支援できたのではないか。

祖母（父の母）は、今だったら「フェミニスト（女性活動家）」と呼ばれてもおかしくないほど知的で教養あふれる女性だったらしい。祖母は孫（キクコ）と生活を共にするようになってからも、看護婦（訳注：戦争で負傷した兵士や一般人を看護する看護婦）を獲得する活動に尽力した。そのために頻繁に出張に出かけたようだ。キクコは祖母が出張で不在の時には、隣に住む叔父コウノスケの家に身を寄せていたそうだ。

キクコはカナダに戻って間もなく「ケイ」と呼ばれるようになった…かつて私が小学生の時、エイコからグレイスに名前を変更したのと同じだ。ケイコにとって目下の課題は英語力をつけることだったが、同時に、家計を助けるために職を探すことも重要な課題だった。それで、英語教室の登録を済ませた足で、美容師養成学校にも申し込みをした。美容師ならば英語が下手でも何とかなる、という友人の勧めがあったからだ。確かに、キクコはカナダに戻ることによって「再び家族の一員になりたい」という夢を果たすことができた（キクコは、母宛の手紙でカナダに戻りたいと訴えていた）。しかし、キクコが帰還した当時の両親は、お世辞にもキクコに思いやりを寄せることはできなかった。両親は、合計七人の家族を何とか食べさせていくために、毎日毎日、汗水流して働かねばならなかった。その家族に、日本からやってきた甥が加わり、八人家族になった。

日本の三尾では、キクコは親戚に支えられながら日々を送っていた。幸い、三尾は田舎だったので、多くの都市部のような悲惨な戦禍からは免れた。しかも、家族は資産にも恵まれていたので、貧困を経験することもなかった。ただし、食事の時間になると、村の大人や子どもが食べ残しを求めて集まってきた、という話をキクコから聞いたことがある。もはや米は貴重品となり、主食はサツマイモだったという。

ここで、話をキクコから、当時のウィニペグ社会に転じよう。最初、日系カナダ人がウィニペグに参入した時には、歓迎の「か」の字もなかった。しかし、間もなく、日系カナダ人に対する関心が高まりだした。あるいは、日系カナダ人が好奇の目で見られるようになったと言ってもいいだろう。そんな折も折、私は、かつて日本で活動したこともある宣教師、ブランシェ・メガフィンさんからノックス合同教会を紹介された。ノックス教会では、日系カナダ人キリスト教徒の団体が、日本語が話せる牧師を呼んで日曜礼拝を始めようとしていた。私は聖歌隊の一員になるとともに青年部の活動に参加した。ギルバート／サリバン作のオペラ「ミカド（帝）」にも出演した。そのために「学校帰りの三人娘」の歌を練習した。

この頃、日系カナダ人協会が、年に一度、「コンサート」を開催するようになった。その「コンサート」はウクライナ労働者寺院で開催され、「シバイ（芝居）」と呼ばれていた。主催者の中心は、演劇経験豊かな一世と年長の二世で、男性も女性もいた。彼らは、若い日系カナダ人にも参加を呼びかけた。私も呼びかけられた一人だった。私は、両親の友人、アサコ・オウエさんから日本舞踊を教えてもらった。彼女は三味線を弾くことができ、その唄に合わせて私や友人のチズ・ナカタが踊った。日本舞踊に加えて、大勢の聴衆を前に、日本の流行歌を歌ったりもした。その先生はケイコだった。ケイコは、日本にいる友人との文通を通じて、日本で何が流行しているかについても精通していたからだ。

今でも覚えているのは、「カンカン娘」という歌だ。カンカン娘とは、米国占領軍の兵隊の相手をさせるために政府が用意した女性たちのこと（訳注：正式名称は「銀座カンカン娘」、一九四九年に公開された同名映画の主題歌）。のちに分かったことだが、カンカン娘は売春婦ではなく、貧困な田舎から東京に出てくるより生きる道がなかった女性たちのことであった。カンカン娘として米兵の相手をするのは、女性がお国に貢献する数少ない方法の一つだったのだろう。それは、戦時下の男性が軍隊に入る以外にお国に貢献する方法がなかったのと同じだった。しかし、私が「カンカン娘」を人前で歌っていた時には、このような日本の社会情勢などまったく理解していなかった。

日系カナダ人が都会ウィニペグに入り込むにつれて、若い女性が各種のイベントに招かれるようになった。そのような場合、しばしば着物（和服）を着て欲しいと依頼された…それまで着たことのない着物を。今にして思えば、私たちは「エキゾティックで風変わりな人間」と見られていたのだろう。だが、当時は、カナダ人に「歓迎されている」と信じて疑わなかった。

多くの二世の若い男性たちは、再びカメラを手に入れた（日系カナダ人のカメラは一九四二年にすべて没収されていた）。彼らは、着物姿の日系カナダ人女性を撮影することに興味をもった。着物姿の女性は、年長者には長らく忘れていた日本の伝統を思い出させ、若年者には日本の伝統を初めて目にする機会となった。若い女性たちは、美しい着物を着て写真に写った。私や姉は、祖母が日本から送ってくれた着物、あるいは、帰加二世や新規移住者が持ってきた着物を着た。

マスコミ主催のイベントも多かった。それらのイベントでは、日系カナダ人の若い女性の写真やインタビューが報道された。中国系やウクライナ系女性も一緒に取材された。

当時、私はマニトバ日系カナダ人協会でボランティア活動に取り組んでおり、数年後には協会初の女性代表になった。その頃、日本領事ノリヒコ・キッカワ氏とその家族を紹介された。キッカワ夫妻と若い娘はしばしば夕食に招いてくれた。その夕食に、松平康東氏も同席したことがあった。彼は、のちに一九五七—六一年、国連大使を務めることになった。

こんなこともあった。ハドソン・ベイ社という百貨店から日本領事館に、「歌舞伎と和服」と題する広告写真のモデルを紹介して欲しいという依頼があった。なんと領事館が紹介したのが私。一九五九年四月一六日発行「ウィニペグ・トリビューン」紙の一面広告を飾ることになった。今にして思えば、当時は楽しい時期、新しいことを次から次に経験した時期だった。

グレイスの着物姿。
当時ウィニペグで増加した日系カナダ人を特集したマスコミ向けの写真

＊＊＊

ウィニペグに到着して間もなく、私はセント・ジョーンズ技術高校に通い出した。第一〇学年だった。ある時、国語のクリスティ先生が作文の課題を出した。作文のテーマは「毎日の生活」。私は、当時の家族との毎日について書いた。クラスメートから見れば唯一の外国人が書いた作文ではあっただろうが、取り立ててておもしろい内容だったとは思わない。強制収容地について何か書いたかどうかも覚えていない。しかし、クリスティ先生は、私の作文を皆の前で読み上げた。私は、自分の作文が褒められたと確信していた。でも、本当にそうだったのだろうか？　日系カナダ人家族というエキゾティックで不可解な存在、しかも、つい最近まで強制収容地という想像もできない場所に隔離されていた家族。そうした家族に対する好奇心が根底にあったのではないか。そのような家族の生活は、私自身にとってはいかに「普通」ではあっても、先生や生徒にとっては「普通」の話ではなかったのではないか。

ウィニペグでの生活は、幼少期以来、私にとっては初めての都会暮らしだった。しかし、日々の生活に関する限り都会とは無縁だった。私は、一〇歳台後半。平日は、高校の授業が終わると、急いで自転車で帰宅。弟二人と妹が学校から無事帰って来るのを見届け、母が縫製工場から帰るまでに夕食の準備に取りかかる。週末は、ほとんど母と一緒…洗濯、アイロンかけ、床や階段の掃除（とくに、貸部屋にしていた部屋への通路部分）、雑貨品の買い出し等々。あとは宿題をかたづけるのがやっと。友だちづきあいを深めたり、社会活動に参加したりする時間はほとんどなかった。でも高校は楽しかった、とくに国語の授業。

この時期、若い日系カナダ人学生（ほとんど男性）がマニトバ大学（とくに機械・建築学部）で学ぶために、オンタリオやケベックからウィニペグにやって来た。彼らの親たちは、すでに戦前からカナダ社会に十分溶け込んでおり、戦時下の一九四二年でも、ブリティッシュコロンビアの強制収容地には行かず、東部に住むことを選んだ人々であった。それで、戦後、日系カナダ人に対する規制が撤廃されるとすぐに、子どもの学校教育を再開することもできたのだ。また、マニトバ大学は、開戦後の一九四二年でも、日系カナダ人学生に門戸を開いていた（一方、ブリティッシュコロンビア大学は、開戦と同時に日系カナダ人学生を追放した）。マニトバ大学は、日系カナダ人に対する規制が撤廃された一九四九年、いち早く日系カナダ人学生の受け入れを再開した大学の一つでもあった。

マニトバ大学に来た日系カナダ人学生が私に与えた最大のインパクトは、「大学教育」の存在を教えてくれたことだった…もっとも、それは私の手の届かぬところにあったのだが。当時は、「大学」という言葉を聞いても、まったく理解不可能だった。私には無縁の存在であり、人生の選択肢にはなりえなかった。しかし、現時点で振り返れば、「大学」はほどなく私を巻き込む重要な存在になる。

当時の私は「不安定感」と同居していたと言える…私は何者なのか？　日系カナダ人の友だちの多くには年上の姉や兄がいた。あるいは、親が二世だった。彼らには、私のような不安定感はなかった。彼らは自らをカナダ人と確信して、日々を送っていた。もはや日本語を話すことはなく、すべて英語だった。他方、私はと言えば、母と日本語で会話し、その母と頼り頼られる関係にあった。日系カナダ人仲間では、「いつの日か、再び西海岸に戻れるだろう」というセリフが日常的に交わされていた。実際、帰加二世の親戚の中には、すでにバンクーバーやスティーブストンに戻った人々もいた。

「目前の現実に適応する」これが、今日に至る私の生き方だ。ホワイトマスでもウィニペグでも、私が出会った人々は友好的だったし、いろいろと手助けもしてくれた。学校でも親交を深めようと努力してくれる人たちがいた。しかし、それらの人々との関係は、「現実に適応する」ことを第一とする私にとって、いずれも一時的な関係に過ぎなかった。深い関係に進む前に新しい土地に引っ越す。そうなれば、新しい土地の現実に適応するので精一杯。過去を振り返るいとまもなかった。

今にして思えば、私には友情を大事にする時間などなかった。私にとって、日々の生活は、他人に打ちあけ、他人の理解を得たりするものではなかった…唯一の例外は、台所で交わす母との対話だった。友情とは、単なる人づきあいではなく、互いの生活を深く理解し合うことだとは気づかなかった。その意味で、私は孤独な「収容地」で生活していたと言えるだろう。両親が強制収容地で経験したように。

その頃まで、私は「ジャップ」という言葉に出会うのを巧みに避けてきた…思い切り笑いとばしたり、周りの笑いを引き出したりして。そうやって避ける以外に、差別に立ち向かう術を知らなかったのだ。母との間では激論を交わすこともあったが、家の外では臆病者だった。

一九五〇年代のある日、大きな発見をした。ある土曜の午後、ウィリアム通りの公共図書館で本を探していた時のことだ。当時、書評の存在も知らなかったし、おもしろい本を紹介してくれる人もいなかったが、なぜか小説を読むのが楽しみになっていた。とくにロシアの小説。誰が勧めてくれたのかは分からない。高校の国語の先生だったのか…？　いずれにせよ、一人で読書にふけるのが大きな楽しみだった（今なお、それは変わっていない）。

この日、図書館を歩き回っていると、一冊の本が目に飛び込んできた。そのタイトルには、「日系カナダ人」という言葉が含まれていた。「私たちに興味を持つなんて、一体どんな人だろう？」、そう思った。当時の私の知識は、その程度だったのだ。

その本のタイトルは「日系カナダ人と第二次世界大戦…社会学的・心理学的考察」。社会学者フォレスト・ラ・ヴァイオレットによる一九四八年の著作だった。のちに分かったことだが、その本は、カナダ西海岸からの日系カナダ人追放がもたらした社会的・心理的影響について記した「最初」の本だった。本を読み進めるうちに、私ははたと気づかされた…「私個人、肌の色のために不快な経験をしてきたが、それは日系カナダ人全体の歴史を考えた時に何を意味しているのか？　そんなことは考えたことがなかった」と気づかされた。それまで、私は、「敵国人として西海岸を追われたのは、カナダが日本に宣戦布告をしたからだ」と単純に思い込んでいた。しかし、そうだとすれば、戦争が終わった後でもなお西海岸に戻ることが許されなかったのはなぜか、説明がつかない。私は、カナダ政府に染みついている（日系カナダ人に対する）人種差別には、まったく思いが至っていなかった。

私は、図書館の隅っこに隠れるようにして、ラ・ヴァイオレットの本のページをくった。そして、いつもの小説ではなく、この本を借りることにした。

まさに目を覚まされたかのようだった。ブリティッシュコロンビアの収容地にいた子どもの頃から、両親や隣人たちが毎日の苦しさと先々の不安をささやき合っているのを耳にはしてきた。彼らが、次はロッキー山脈以東のどの収容地に行こうかと相談しているのも小耳に挟んではいた。しかし、一九五〇年代に入った今、事態は大きく変化した。日系カナダ人は「強制的」に動かされるのではない。自らの意志と能力で進路を決定することができるし、決定しなければならない。言いかえれば、もはや日系カナダ人は受動的な移民ではないのだ。一九四二年以前の移民時代の挨拶言葉「どの県のご出身ですか」が意味を失ったのと同様、今や「どの強制収容地にいたのですか」という挨拶言葉には何の意味もない。

ラ・ヴァイオレットの本を読んだ後、マニトバ日系カナダ人協会の月刊ニュースレター「アウトルック（『展望』）」に二つの原稿を投稿した。子どもなりに歴史を知った感動を伝えたかったのだ。おそらく私の原稿は、時代遅れのつまらないものだっただろう…ニュースレターの読者の多くは、すでに都市の生活に溶け込み、移民時代を振り返る必要性など感じていなかっただろうから。しかし、理由は分からないが、編集者は私の原稿を掲載してくれた。

ほどなくして、私は、たまたまユナイテッド大学（現在のウィニペグ大学）哲学部学部長のヴィクター・シミズ氏に出会った。彼は、親切にも私が書いた文章を読み、賞賛の言葉を贈ってくれた。しかし、今にして想像すれば、彼は、日本通の知識人として、私の無知をおもしろく感じるとともに、一人の若者が自らの歴史に関心をもち、自らの「発見」を発信したのを嬉しく思ったのだろう。その感想は、現在の私自身にも相通じるものがある…自らの歴史を「発見」しながら人種差別と戦うアジア系カナダ人が増えているのを、私も嬉しく思っているからだ。

＊＊＊

両親は次なる引っ越しを考えていたし、義務教育を受けている弟や妹もいたので、私は、高校時代に身につけた技能を活かすためにビジネス・カレッジへの進学を決めた。当時、高校は、進路別にビジネスコースと進学コースを設けていた。私は、速記者になることを目指して、ビジネスコースでタイピングと速記の基礎訓練を受けた。同時に、速記者の資格を取得するために、サクセス・ビジネス・カレッジの夜間部にも入った。

そうこうして一年以内に、まだ一八歳にもなっていなかったが、「英領北アメリカ保険会社」で働き出した。同社は、管理職を始め寛大な姿勢で私を受け入れてくれた。今でも、同社の人々の温かい顔が忘れられない。私は同社で唯一の非白人従業員であり、同社の人々にとっても、日系カナダ人（あるいはアジア系）従業員と一緒に働く初めての経験だった。彼らは従業員の親睦会にも私を誘ってくれた。そのおかげで、私は未経験の広い世界に飛び込む自信を得ることができた。

その後、多くの日系カナダ人を雇用していた鋳鉄管製造会社「アンシーシス・インペリアル社」が速記者を募集しているのを知り、応募すると幸いにも採用された。この会社でもとても大事にされた。たとえば、あるスタッフは、朝には郊外にある会社へ、夕方には私の自宅へ車で送ってくれた。こうして、よそ者扱いされるのではないかという不安は急速に払拭されていった。もちろん、私の方も西洋文化を理解し、溶け込もうと努力した。

この会社に勤めだして一年も経たないうちに、副社長の秘書が退職し、私がその職を引き継ぐことになった。これは、私にとって大きな「昇進」だった。同時に、同僚である日系カナダ人従業員の誇りにもなった。彼らと社員食堂で会うと、皆、笑顔で私を励ましてくれた。私も彼らを誇りに思った…彼ら日系カナダ人従業員も私も、元はと言えばブリティッシュコロンビア出身、そして、その地を追われ、苦難ののちに、少なくともこの会社では一人前のカナダ人として受け入れられたのだ。これは、私たち日系カナダ人が新しい環境で自らの地位を確立し、ウィニペグのさまざまな人たちと対等な協力関係を築く足がかりにもなったと思う。

以上のように、「アンシーシス・インペリアル社」は、私の人生の一大転機となった。同じ工場で働く従業員のみならず、管理職の人々からも受け入れられた。この工場の本社から訪れる技術専門家たちも私を尊重してくれた。まさに私は会社のリーダー格の一人になったのだ。

私の直接の上司（副社長）、デイヴィッド・ラッセル氏は私の生い立ちや、社会的に経験の浅いことを知っていたので、ことあるごとに私にカナダ文化を紹介してくれた。たとえば、ラッセル夫妻はフットボールのウィニペグ・ブルー・ボンバーズの試合やウィニペグ交響楽団のコンサートに誘ってくれた。その誘いはとても嬉しかった。このような経験は、私がカナダ文化に触れる最初の機会であり、多くのことを学んだ。

私が当時カナダ文化に無知であったことを示す話がある。ラッセル氏が私に手紙の口述筆記をさせていた時のこと。彼が「not my cup of tea」という言葉を使ったが、私は何のことかちんぷんかんぷんだった（訳注：直訳すれば「私のティーカップではありません」だが、「私の好みじゃありません」という意味）。これと似たことはしばしばあったが、そのたびにラッセル氏は丁寧に意味を教えてくれた。

それ以外にも、ラッセル氏には大変お世話になった。二、三年後、彼はオンタリオにある本社首脳部の一人になったが、私との付き合いは絶えることがなかった。一九五七年、私はバンクーバーに戻る決心をしたが、その時も、彼はＢＣエレクトリック社に速記者としての職を探してくれた。しかも、彼が出張でバンクーバーに来た時には必ず、私に連絡をしてくれた。

これから述べるように、当時、両親は父の病気という大変な問題を抱えようとしていた。

第九章　父の病気

母の手記

夫は長年、胃の不調に悩んできた。いろいろ診察を受けた結果、十二指腸潰瘍と診断され手術を受けた。主治医のグラント先生は、「もしガンが見つかっても切除できるので心配はいらない」と安心させてくれた。
退院後、食事は一定量の柔らかい食品に限定された。入院中、夫は退院したら思い切り食事ができると思っていたので、退院直後は食事制限を破ることもあったが、いつしか食事制限にも慣れていった。そうこうするうちに二年が経ち、夫は病気から回復していった。回復後、夫は料理学校に通い、マルボーロ・ホテルの料理アシスタントの職を得た。
夫が回復する頃には、娘二人と息子も仕事をするようになり、家計を助けてくれるようになった。

【以上、母の手記】

父は、若かった頃ウィニペグのホテルで料理人として働いていたこともあって、料理が得意だった。そのため、わが家では洋食が普通だった。子供向けの朝食はいつもポリッジ（訳注：おかゆの類）と、マーマレードジャムのトーストだった。母は、私と買い物に行った時、ピーナッツバターを買うこともあったが、それは稀であった。日曜の朝、父がつくるパンケーキの匂いで目が覚めたのを思い出す。

お祝い事があると、母は、寿司、刺身、それに天ぷら、すき焼きといった日本料理を作った。ただし、バンクーバーにいた一九四二年までは、日曜の夕食といえば、ローストビーフ、ワサビダイコン、マッシュトポテト、デザートにプリンかパウンドケーキという父好みのものだった。母は、父好みの洋食をマスターしていった。私の想像では、父の料理は、もともとはカナダ風というよりも英国風だったが、カナダが英国連邦の一員になって以来カナダで食されるようになった料理だと思う。

当時、日系カナダ人の多くの家庭では、日本風の朝食を食べていた…ご飯、緑茶、漬物、魚など。ただ、二世の時代になると、次第に洋食が好まれるようになった。

母の手記にも記されていたように、退院後、父はマルボーロ・ホテルに職を得た。しかし、ほどなく父はミセリコーディア病院に転職した。その病院では、妹のケイコが正規の看護婦になる訓練に励んでいた。病院勤務は、父の最後の仕事になるが、父にとってはそれまでの仕事よりも楽しかったのではなかろうか。

母の手記は以下のように続いている。

母の手記

一九五一年か一九五二年ごろ、日本で、ニシキハマ・コウノスケの四女が内耳の病気で高熱が続くという事件が起こった。放置すれば死亡するか、あるいは生き残っても脳に障害が残るという重病だった。医者にはペニシリンを投薬できれば何とかなると言われたが、当時、日本ではペニシリンを入手するのは容易ではなかった。私たちにペニシリンを送って欲しいという便りが届いた。

夫と私はマニトバ仏教会の僧侶ニシムラさんに相談に行き、彼のおかげでペニシリンを日本に送る手はずを整えることができた。赤十字が緊急処置として、ペニシリンを御坊（ごぼう、三尾の近く）の医師に直送してくれた。その結果、病気は治癒。今では、彼女は三人の子どもの母である。この時のニシムラさんの援助には、いくらお礼を言っても言い足りない。

一九五四年頃から、戦争前後に日本に行っていた人々がカナダに戻ってきた。その中には、夫の兄弟タグチ・カツタロウの娘や、夫の別の兄弟ニシキハマ・コウノスケの息子三人と娘（既婚）も含まれていた。

コウノスケ兄さんはカナダで英語を勉強させるために四男ヒロアキをわが家に同居させて欲しいと頼んできた。

終戦直後、私たちはゼロからの出発を余儀なくされ、収支カツカツの生活を送ってきた。日系カナダ人がそんな悲惨な状況に置かれていることは誰もが知っていた。それにもかかわらず、ミントで移設家屋（年間家賃五七〇ドル）に住んでいた頃も、コウノスケ兄さんからは一銭の援助もなかった。

一方、バンクーバーを離れてから、私たちはコウノスケ兄さんの要望にはすべて応えてきた。しかし、私は、バンクーバーの魚市場から送られてくる魚の代金を誰が支払っているのか知らなかった。ここで、ヴァーノンで兄さんと夫が、私を除外して密談したことを思い出して欲しい。その密談で、兄さんは夫に三〇〇ドルを貸すと約束していたのだ。この話を私が初めて聞いたのはウィニペグに来てからのことだった。別に借用証書があるわけでもなかったが、毎月返済日を決めて荷物を送り借金を返済した。

コウノスケ兄さんは、私が送った物品をすべて闇市で売りさばいていた。ある時、日本では砂糖が不足しているのでサッカリンを送って欲しいという要望があった。当時、サッカリンはカナダでも高価であった。私は、サッカリンをそのまま送ると税関で没収されるかもしれないと思い、ココア紛用のブリキ缶の一番底にサッカリンを入れ、その上にココア紛をどっさり入れて送った。しかし、私がその旨を手紙に書いていたにもかかわらず、兄さんはブリキ缶の底を見もせず、全部をココア紛として売ってしまったのだ。さすがに、これには腹が立った。

このような苦い経験をしながらも、とにかく三〇〇ドルの借金を全部返した。

すでに私たちには五人の子どもがいたので、それを理由に、コウノスケ兄さんの四男を引き受けるのを断ろうかとも思った。しかし、食卓を囲む人間がもう一人増えたって大した違いはないと考え直し、四男ヒロアキを引き受けることにした。

戦中も戦後も、ヒロアキは英語を勉強していなかったが、幸運にもカナダの中学校に編入できた。彼は、周りの友人からジェリーと呼ばれるようになった。彼は、英語（国語）の授業にはほとんどついていけなかったが、他の授業には何とかついていけた。ただし、その裏にはエイコの大きな貢献があった。エイコは、毎日ヒロアキの級友から授業の内容を聞き、ヒロアキに復習をさせていたのだ。そうこうするうちに、ヒロアキが虫垂炎にかかり、手術を受けた。私は、毎日、仕事に出かける前、仕事から帰宅した後、お湯を沸かし、湿布で傷口を拭いてやった。

こうして中学校を終了した六月、ヒロアキは誰かから看板製作会社を紹介され、就職した。それで、クリスマスの頃だったろうか、彼にも家計に協力して欲しいと提案した。しかし、彼の返事はノー。日本の両親に仕送りをしなければならないという理由だった。これで私の提案はどこかに行ってしまい、彼は居候を続けることになった。「親切すぎると馬鹿を見ることもある」、私は時々、そのように当時を思い返す。

しばらくして、ヒロアキの両親が子どもと一緒に日本からバンクーバーに戻ってきた。私は、ヒロアキを両親のもとに帰した。

ヒロアキは私たちと同居している間に、彼のいとこタグチ・ヨシヨからヒヨコの雌雄判別を学んでいた。ヒロアキの父親がタグチ・ヨシヨに、「息子に雌雄判別を教えてくれ」と依頼したからだった。ヒロアキは、私たちがバンクーバーの家族に戻した後、いとこを頼ってトロントに行き、雌雄判別の仕事についた。その後、母親の遠縁に当たる女性と結婚した。【以上、母の手記】

五人の子どもに加えて、もう一人面倒を見てくれと頼まれた時、母の躊躇はいかばかりだっただろうかと、同情を禁じえない。ただでさえ家計を維持するのは大変だっただろう。五人の子どものうち三人は義務教育中。重くのしかかる住宅ローン。父も母も、毎日、長時間労働を強いられていた。カナダで、義兄（コウノスケ）が父をうまく利用していたのは疑いない。父にとって、年長の兄から何か言われれば、それに従うより他になかったのだろう。

母は、その手記の中で、甥（ヒロアキ）に感じた失望を隠していない。甥は、わが家を去り、さらにトロントという遠方に移動し結婚もしたが、私たち家族に対して感謝の意を示したことは一度もなかった。もちろん、甥だけを責めるわけではない。彼はまだ若く、世間を知らなかった。それに子ども八人の末っ子であり、皆から甘やかされるのを当然と思っていた。当時の日系カナダ人が耐えねばならなかった労苦には思いも至らなかっただろう。そう考えてくると、彼の父親こそ、私たち家族に感謝すべき人物だったのかもしれない。しかし、父が彼の父親（年長の兄）から感謝されることはなかった。「夫はお人よしすぎる」というのが母の本音だっただろう。

第一〇章

自分は何者なのか

母の手記

一九五八年六月、長女が結婚し、マルボーロ・ホテルで披露宴が開催された。次女は、アンシース・インペリアルという多くの日系カナダ人を雇用していた会社に就職した。次女は、その会社の同僚と一九五九年五月に結婚した。

夫は、ミセリコーディア病院の調理室に転職した。その病院では、高校を卒業した末娘が正規の看護師資格を得るための訓練を受けていた。末娘は一九六三年に訓練期間を終え、結婚をし、今もこの病院で働き続けている。

一九六一年、私は義母に会うために日本に行くことにした。戦前にカナダにわたって以来初めての訪日だった。この頃までには飛行機が利用できるようになっていたので、バンクーバーで旅行社を経営するイワタ・ケンイチ氏に航空券の手配を頼んだ。イワタさんは航空券を郵送してくれたのみならず、同じ飛行機で日本に行く日系カナダ人を紹介してくれた。

当時、バンクーバーから羽田までの航空券は八八八ドルだった。東京に着くと旅館で一泊し、翌朝早く汽車で神戸に向かった。神戸駅に着くと、私の姉が夫婦で出迎えてくれた。神戸から三尾へ。なんと三〇年ぶりのふるさとだった。

三〇年の間に義母は七七歳の老人になっていた。まさにことわざに言う、「十年一日のごとし」。義母だけではない。ふるさとで再会を果たした人々すべてがそうだった…「歳月人を待たず」。

昔もあった木々、昔歩いた草むらなど、すべてに懐かしさと哀愁がこみ上げてきた。昔同じ学校に通った人々にも。

義母は私の滞在中に、オエさんという人を雇い、自宅の二階部分を空っぽにし、家全体の風通しをよくした。私自身の姉モリ・ヨシコは、一九三五年に子ども三人と一緒にカナダから日本に戻っていた。また、妹スズコ・ヒデヨも三尾にいた。こうして三人姉妹が再会を果たすことができた。【以上、母の手記】

母がカナダに渡って以来、訪日したのは三度だけだった。母は、一九二九年、わずか一八歳で父の新妻としてカナダに渡った。一九六一年の最初の訪日は、義理の娘の義務として義母の無事を確認するためだった。戦中の一九四二年から戦後の一九四九年まで、両親は（義母を含めて）日本人と連絡を取る術を完全に奪われていた…日本とカナダの間の郵便物はすべて検閲され、そのほとんどは破棄されていた。カナダと日本で郵便がまともに使えるようになったのは、長女キクコが日本からカナダに帰還した頃（一九五〇年頃）からだった。

一方、私自身は就職して数年間家計を助けた後、一九五七年、休暇を取ってバンクーバーを訪れた。当時、私には結婚を考えるスコットランド系の男性がいた。私は、混合結婚（訳注：異なる人種間の結婚）に踏み切る前に、男性と距離を置いて一人でじっくり考える時間が欲しかった。

混合結婚はじきに普通のことになるのだが、私が結婚する頃は、親がそれを認めるかどうかは大きな問題だった。もちろん混合結婚という概念だけは誰でも知っていたが、その概念はプッチーニの歌劇「蝶々夫人」のような非現実的でロマンティックなストーリーに過ぎなかった。それは植民地時代のストーリーであり、植民地化された側の人間にとっては悲劇に終わるストーリーだった。私が結婚年齢に達する以前は、日系カナダ人に限らず多くの親は、子どもが文化を異にする人とデートをしたり、ましてや結婚することには反対だった。

しかし、私の両親は違っていた…私がスコットランド系の男性と結婚するのをすんなり認めてくれたのだ。両親は、彼、すなわち、アル（アリステア）がアンシース・インペリアル社（私も勤務していた会社）で製図工として働きつつ、工学の勉強もしていることを知った。両親はアルに初めて会った時から彼を受け入れてくれた。私が思うに、父は一九歳という若さでカナダに渡って以来、文化の違う男女が愛し合うのを頻繁に見てきたので、私の混合結婚も大きな視野で考えてくれたのではなかろうか。たとえば、父の親友ヘンリー・ササキも、一九二〇年代の初めにウィニペグで英国系の女性と結婚していた。一方、英語が不自由な母も、アルと私がデートするのを温かく見守ってくれた。アルは、私の自宅にも大歓迎された。このようなことは、当時、非常に希なケースであった。

当時はまだ、日系カナダ人の間では見合い結婚が一般的だった。つまり、親が結婚相手の身元を調査した上で、息子や娘に紹介するのが普通だった。実際、私にも三件の見合い話があったらしい。しかし、母は私にその話を伝えなかった。母は見合い話を受けても握りつぶしていたのだ…なんと恵まれていたことか！

通常、見合い話は家族の友人や親戚縁者が持ってくる。しかし、私には予想もしない相手から見合い話を受けたおもしろい経験がある。その相手は、日本の格式ある家庭の男性で、彼がウィニペグを訪問した時に出会った。彼は、東京の大手新聞社のジャーナリストだった。さらに重要なこととして、彼は元皇族（天皇のいとこ）付きの通訳を務めていた…その元皇族は戦後、米国占領軍により皇族の身分を剥奪された人物だった。その元皇族、竹田恒徳氏は、日本スケート連盟のトップであり、一九五〇年代半ば、日本のアイスホッケーチームを率いてカナダを訪れ、オンタリオのチーム「ケノナ・ティッスルズ」と試合をし、ウィニペグにも滞在した。

その頃、私はまだ若輩だったが、一九五五年、マニトバ日系カナダ人協会初の女性会長を務めていた。私は会長として、ウィニペグ在住の協会メンバーとともに竹田氏一行を迎え、バンケットを催した。このバンケット以外にも、日系カナダ人家族や日系カナダ人ビジネスマンによる非公式なパーティもいくつか行われ、私も参加した。

竹田氏一行の滞在はマスコミでも大きく報道された。一行が帰国後、竹田氏とお付きの通訳H氏から丁重なお礼状が届いた。その後も、H氏からは手紙やグリーティングカードが頻繁に送られてきた。H氏には、私の写真を送って欲しいと頼まれたこともあった。彼は、「日本の航空会社に勤める気はないか？　もしその気があるならば、自分が仲介しよう」とまで言ってくれた。彼は、私に好意を持っていたのだ…純朴すぎたというか、私はそれにまったく気づかなかった。

その一年くらいのち、私がバンクーバーにいた頃、ある親戚から「母の元にあなたの見合い話が来ているようだ」と聞いた。私は、すぐに母に電話をした。母は、H氏から見合いの打診があったことを認めた。そして、「はっきり断った」と言った。これでH氏とのことは、すべて終了。母は、別に私を外国人と結婚させようなどとは思っていなかったはずだ。しかし、スコットランド系のアルとの結婚には同意してくれた。

バンクーバーでは、ラッセル氏の紹介によりBCエレクトリック社の速記部で仕事をした。また、バンクーバーでは、子ども時代の友人ミチコ・モトモチを介して数人の若い日系カナダ人に出会うことができた。彼女は一九四二年まで通っていた日本語学校のクラスメートの一人で、彼女の母親は私の先生だった。私が出会った日系カナダ人の中には、私の心を動かす人もいた。そのような人物の一人、ある医学生とは短期間だがデートをしたこともある。正直なところ、「このままバンクーバーに居続けようか」という気持ちにもなった。本当に楽しい滞在だった…いろんな活動に参加したし、日系カナダ人合同教会の聖歌隊にも参加した。

私は、「住み込みの子守」を求める新聞広告に応募した。私は採用され、二人の小さな子どもがいる若いユダヤ人夫婦の家に住み込むことになった。幸いにも自由に使える一室が与えられ、夜と週末は必要に応じて子守、あとは昼間の仕事に使うことができた。夫婦は、とても親切だったし、私にとっていろんなことを学ぶ機会になった。まさに、ユダヤ人という見知らぬ文化を学ぶことができた。たとえば、食事。彼らが料理するのを見るのは楽しかった。とくに私が好きだったのはローストチキンを添えたクニッシュ（ユダヤ料理の一つ）。私たちの家はクイーン・エリザベス公園のすぐ近くだったので、二人の子どもを連れて、よく散歩に出かけた。

一九五八年六月、姉キクコの結婚式に出るためウィニペグに戻った。この頃には、アルと私は結婚の意思を固め、婚約をした。アルの親戚は皆、私たちの結婚に反対しなかった…日系カナダ人が自由を認められ、カナダ人としての市民権を得てまだ一〇年という事情を考えれば、これは驚くべきことだった。とくに、アルの父親は（日本と戦った）軍部の高官だったことを考えれば、息子が日系カナダ人と結婚することに反対しても不思議ではなかった。アルの父親は私にとても親切だったし、のちにできる子ども二人の「愛すべきお爺ちゃん」になった。

一九五九年五月一六日、アルと私は、双方の両親の祝福を受け、ノックス合同教会ですばらしい結婚式を挙げた。多くの友人と親戚が出席してくれた。結婚式に続いて、セント・ボニフェイスにあるマリオン・ホテルで披露宴を催した。母は、すでに結婚していた姉と何人かの友人と一緒に大きなエビの天ぷらとお寿司をつくり、披露宴に出してくれた。このような和風の食事を西洋料理のあとに出すのは、ウィニペグの日系カナダ人の習慣になっていた。披露宴では音楽が奏でられ、皆、ダンスに興じた。

ダンスが始まって一時間ちょっと経った頃、アルと私は披露宴会場を出て、新婚旅行用の服装に着替えた。そして、再び会場に戻り、皆に別れの言葉を告げた。私は、独身の友人にブーケを渡した。言うまでもなく、婚礼用ドレスも新婚旅行用のスーツも母のお手製だった。私たち二人はミルオーキーでハネムーンを過ごし、シカゴで野球観戦、ウィスコンシンのデルズを旅行した。これは、私にとって初めての米国訪問だった。

デイヴィッド・ラッセル夫妻はセント・キャサリーンから結婚祝いを送ってくれた。その後、ラッセル氏はウィニペグに出張の折、わざわざ時間をつくって会いに来てくれた…ちょうど最初の息子マイケルが生まれた頃だった。しかし、ほどなくして彼の部下から悲しい電話連絡が入った。彼

グレイスとアルスター・トムソンの結婚式（一九五九年五月）
左側二人はグレイスの両親、右側二人はアルスターの両親。

が、緊急の脳手術中に死亡したのだ。ショックだった。彼は、私が自分の将来を積極的に選び取る女性になるのを助けてくれた。今にして思えば、もっときちんとした形で謝意を示しておくべきだった。

アルという高等教育を受けた男性と結婚することによって初めて、同じく高等教育を受けた多くの人たちとも付き合うようになった。彼らはすべて中流・上流階層の家庭の出身であり、ウィニペグの一等地に住んでいた。彼らとの付き合いは、私が「自分は何者なのか」を考え直す機会にもなった。

自分は何者なのか？　今や二人目の息子もでき、四人家族で送っている生活は、いわば特権階級の生活である。それは、結婚するまでは外部から垣間見るだけの生活、外部から憧れるだけの生活だった。しかし、そのような特権階級の家族の中で、私は一定の役割を演じている…白人家族の中の白人女性という役割を。そんな役割は、以前は雑誌や映画で見るだけの役割だった。でも、言うまでもなく、自分は白人ではないし、白人になることなど不可能である。

社会には特権階級だけが存在しているのではない。社会の周辺部に追いやられた多くの人々も存在している。しかも、周辺部に追いやられた人々の全員が不幸というわけでもない。周辺部の人々も、それなりに多様で充実した空間を占めている。その周辺部の人々の存在をきちんと認めること、これを抜きにしては、中心部の人々（特権階級）が存在することもできない。特権階級の夫との結婚を通じて、私は周辺部と中心部を同時に体験することになった…ただし、これに気づくのは、もう少し後のことになるが。

このように「自分とは何者なのか」を考えてみることは、私自身を癒すことを意味する…つまり、ずっと不可解だった「過去」を理解し、現在の自分自身を健全にすることを意味する。私にとって、「過去」の中で最も大きな存在は母である。私は、長い間、母（移民である母）が「まともな母」ではなかったという不満を抱いていた。母は、弟や妹の世話を私に背負わせた。そのせいで、私は家庭の外の世界をほとんど体験できなかった。しかし、子どもを持った現在、「まともな母」（かくあるべしとされる母親像）などないことが分かった。それは、「まともな世の中」（かくあるべしとされる世の中）などないのと同じだ。誰にとっても、自分の人生を「まともな人生」として、また、自分の境遇を「まともな境遇」して受け入れなければならない。それは、欠落ピースのあるジグソー・パズルをするようなものだ。母のジグソー・パズルにも欠落ピースがあった。しかし、母は仏教を信仰することで欠落ピースを補おうとしたように思う。

次男を産んだ後、私は再び「自分とは何者か」を考え出し、大学教育を受けようと決心するに至った。その大きなきっかけは、息子たちが、まだ小さいにもかかわらず、自分の母親が友だちの母親とは違って、白人ではないことに気づき始めた事実にあった。

次男が五歳くらいの頃。近くに住むちょっとだけ年上の子どもブルーシーと遊んだ後、当惑したような顔で帰ってきた。次男は、ブルーシーから「君は中国人だ」と言われたそうだ。こんな場合、母親はどう対応したらいいのだろう？　母親自身も同じ経験がある。私はベストを尽くして、こう答えた…「中国人かどうかなどどうでもいいのだよ。みんなどこか違うの。ブルーシーは赤茶色の髪と青い目をしてるよね。大事なのは、違いがあっても仲良くすること、友だちでいること。いろんな違いを分かり合ってね」。小学校に上がる前の次男を前に、ほかにどう言えばよかったというのか？　ブルーシーにしてもまだ小学校入学前の小さな子どもだ。おそらく、両親から、次男は中国人だと聞いて、それを受け売りしただけだろう。

第一一章

死別の悲しみ

一九六三年、両親は、新婚生活スタートの地、西海岸に戻る決心をした。母は次のように記している。

母の手記

私たちも高齢者になった。ウィニペグでは、浄土真宗の仲間が、まるで家族のように暖かく接してくれた。戦後一七年間、マニトバで一所懸命に働くうちに、五人の子どもは結婚し、子ども（私たちにとっての孫）にも恵まれた。しかし、高齢者にとってマニトバの冬は厳しすぎた。そこで、私たち夫婦は温暖なブリティッシュコロンビアに戻ろうと決心し、自宅も売りに出した。仏教会には送別会を催していただき、また送別の品々もいただき、一九六三年八月一六日、私たちは涙ぐみながらウィニペグをあとにした。私たちは汽車でバンクーバーに。自宅の売却はエイコに託した。残りの人生はバンクーバーで過ごす決心をしていた。

長らく草原地帯で暮らしていたので、バンクーバーに近づき、山々や海が見えた時には、なんとも言えない郷愁がこみ上げてきた。まさに「故郷」に帰りつつあるという感じがした——北バンクーバーの山々、水上バス、世界各国からの貨物船、行き交う客船、潮の満ち引きなど。加えて、山々にかかる霞、雪に変わる霧——春夏秋冬の美しい光景が瞼をよぎる。
　歳月が流れるのは速い。あっという間に次の春が巡ってくる。ふと思えば、私は八六歳になっていた。

【以上、母の手記】

　両親がバンクーバーに戻ってみると、一九四二年当時の活気に満ちたパウエル街は消え去り、「ドヤ街」と呼ばれるようになっていた。それで、パウエル街ではなく、ともかくビクトリア通りのアパートに入ることにした。こうして、バンクーバーという夫婦二人の生活を始めた地、そして、強い愛着を感じる地に戻ったのだ。

　両親はオッペンハイマー公園で開催された一九七七年桜植樹祭（日系移民百周年記念）という日系カナダ人の催しに参加した。植樹祭は、思い出の地である公園に集まり、日系カナダ人コミュニティへの忠誠を確認し合うためのものだった。両親も他の高齢者たちも、

バンクーバーに戻った両親は、一九七七年、オッペンハーマー公園で開催された「日本人カナダ移住百周年記念祭」に参加し、桜を植樹した。

最初の日系カナダ人がカナダに移住してから百年が経ったことを記念して桜を植えた。それによって、彼らは自分たちの歴史を再認識した…苦闘の連続、耐え忍んだ苦痛、平穏への憧れ。とくに強制収容中は、パウエル街は「心のふるさと」だった。植樹祭には、若い世代や戦後の新しい移民も参加していた。彼らは、高齢者の話を聞き、「ついこの前」と言ってもいいくらいの過去を共有した。

この時期、多くの日系カナダ人が西海岸に再定住したが、それは一九八〇年代の日系カナダ人戦後補償運動の始まりに連なっていった。

両親がバンクーバーに戻る決心をした理由には、新婚生活を始めた思い出の地であることや、気候が温暖であること以外に、二人の息子に会いたいという希望もあったのではないか。二人の息子は、それぞれの夢を抱いて、すでにウィニペグを去りバンクーバーで暮らしていた。

年下の息子ケンジは、一〇代の時、友だちと一緒に「倉庫荒らし」をし逮捕された。裁判では有能な弁護士がついた（ちょうどその時、私はその弁護士の秘書をしていた）。私が思うに、判事は、しっかりした両親がいることを評価したのだろう、ケンジに新しい人生を歩むチャンスを与えてくれた。その後、ケンジは西海岸に向かった。西海岸には、彼よりも年上の帰加二世のいとこが住んでいた。彼は、西海岸に行ってから自分の過去を隠そうとはせず、むしろ積極的に若い友人や親戚に披瀝した。また、仕事も全力でがんばった。ほどなくバンクーバーにクリーニング店を持つに至った。彼は、二〇〇一年、親切で寛容な人物と慕われつつ六二歳でこの世を去った。追悼の会には、ウィニペグ時代の友人も駆けつけ、懐かしい思い出話を披露した。本当に、皆から愛されていた。

一方、年上の息子トヨアキ（トム）は、高校を卒業後、一年間両親の住宅ローン返済を手伝い、その後、西海岸に移り住み、ポート・アルバーニーの木材伐採場で仕事を得た。彼から私に来た手紙には、木登りや、同僚との野球のことが書いてあった。長身で運動が得意、芸術的センスにも恵まれていた彼は前途洋々であった。一年後にはバンクーバーに移り、伐採で貯めたお金でブリティッシュコロンビア工科大学（ＢＣＩＴ）に入学、アーク溶接を学んだ。その後、国内ではセカンド・ナロー橋の建設、海外ではベクテル社でインドネシアの石油タンカーの建造に参加した後、再びＢＣＩＴに戻った…ただし、今回は教える立場として。しかし、トヨアキは大きな問題（過去に対する発散しようのない欲求不満という問題）を抱えていた（訳注：具体的なことは書かれていない）。彼は四七歳という若さで他界した。

＊＊＊

一九八三年から一九八六年にかけて悲しい別離が相次いだ。母は次のように書いている。

母の手記

長男トヨアキの妻マリリンが一九八三年七月に亡くなると、今度は同年一〇月にはトヨアキも亡くなった――一人っ子の息子を残して。さらに、風邪などひいたこともなかった私の夫が、一九八五年二月、肺がんで亡くなり、翌一九八六年三月にはウィニペグにいた長女キクコが亡くなった。相次ぐ身内の他界に私は途方に暮れた。なぜか私自身は生きている。【以上、母の手記】

残っているのは娘二人、すなわち末っ子のケイコと私。ケイコも私も、それぞれの家族とともにウィニペグで暮らしていたが、二人ともウィニペグとバンクーバーの間を頻繁に往復した。

私の姉キクコは肺がんのため五五歳という若さで亡くなった…愛する夫とまだ小さな三人の子ども（息子二

人と娘一人）を残して。カナダに戻った後のキクコの人生は決して長くはなかったが、彼女は日系カナダ人コミュニティにさまざまな貢献をした。たとえば、彼女はマニトバ仏教会で長年日本語を教えた。また、彼女の家族が住んでいたフォートギャリー市（ウィニペグの郊外にある市）と東京の世田谷区を姉妹都市にする運動にも貢献した。

その後、二〇一六年、私は日本を訪問した。その折、東京の飯野正子教授がリーダーを務める学者グループから帰加二世について講演をして欲しいと依頼された。私は、その講演の中で姉キクコを例に引いて話をしたところ、驚いたことに、参加者の一人はキクコの名前を覚えていた。なんとキクコの名前は、ウィニペグ市との姉妹関係について記録した世田谷区の文書に載っていたのだ。これは、私にとって大きな喜びだった…キクコが高校時代までを過ごした日本に彼女の足跡が残っていたのだから。

一九八〇年代、カナダ各地に散り散りになっていた日系カナダ人が、全カナダ日系人協会のリーダーシップで団結し、カナダ政府から戦後補償を勝ち取る運動を展開した。その運動によって、一九八八年九月二二日、ブライアン・マルルーニ首相は「不正義・過ち」を謝罪、日系カナダ人戦後補償協定がカナダ首相と全カナダ日系人協会長アート・ミキ氏の間で締結された。被害を受けた日系カナダ人には、一人当たり二万一千ドルの賠償金が支払われることになった。日系カナダ人が犠牲にした時間、財産没収による被害、引き裂かれた人間関係を考えれば、それらが賠償金で贖われないのは言うまでもない。「不正義・過ち」がもたらした傷跡は、今でも多くの日系カナダ人の中に深く残っている。

当時の運動の中で私は何をしたのか？　残念だが、運動が展開された一〇年間、私の家族は連続する葬儀に忙殺されていた…義妹マリリン、弟トヨアキ、父、姉キクコ。彼らは、彼らが耐えざるをえなかった苦難に対するカナダ政府の謝罪や賠償に預かることなく、この世を去った。

なぜ、私の姉、弟、父が早く他界したのか？　それは、彼らが耐えざるをえなかった苦境のせいだと、私は思う。彼らが味わった苦痛は、二万一千ドルという微々たる賠償金をはるかに上回っている。確かに賠償金は二万二千人以上の日系カナダ人に支払われた。しかし、日系カナダ人が耐えた苦痛を考えれば、それは「賠償」の一端と言うのもためらわれる。

私たちの家族で、戦後補償運動への貢献者と言えるのがキクコである。キクコは、当時、全カナダ日系人協会の会長を務めていた夫アート・ミキとともに運動に参加、カナダ政府との協定締結に尽力した。

日系カナダ人の処遇については、母も長らく不満と憤りを感じていたが、母が自分の感情を表に出すことはなかった。しかし、家族が一人また一人と他界するのを目の当たりにして、自分の感情を押さえることができなくなった。その結果、母は自分の記憶を書きとどめ、残された子どもに伝えようと決心した。それが本書の「母の手記」に他ならない。「母の手記」は、次のように結ばれている。

母の手記

これを運命と言うのだろうか？　私たちは、子どもや友人の思いやりと愛情に包まれて生きてきた。そして、毎晩、経典を読んだ。…有名な良寛和尚の俳句が頭をよぎる——「散る桜　残る桜も散る桜」。

生あるものは必ず死ぬ。この摂理に従えば、今咲き誇る桜も必ず散る。だから、いつか散るのを恐れることなく、最後の日まで生きていこう。明日を信じて。

この辺で筆を置くことにしよう。

死ぬ前にスコーミッシュ港の船を見たい。孫のミシェル（トヨアキの息子）にそう言ったら、もうスコーミッシュ港に停泊する船はないそうだ。なんと寂しいことか！（訳注：スコーミッシュ港については、第四章冒頭部分を参照。）　　【以上、母の手記】

肺がんで入院生活を送っていた弟（母にとっては二番目の息子）ケンジも亡くなった。その直後、母は「もう高血圧の治療を続けない」と私に言った。私は、無言のうちに母の胸の内を理解した。母は、もう十分生きた。母は意思の強い人間。その母が、永眠につきたいと意思を表明したのだ。二〇〇二年一二月二四日、母は八九歳でこの世を去った。

前にも述べたとおり、母は、度重なる不幸な出来事に長らく不満と憤りを募らせていた。しかし、死を迎えるまでには、仏教信仰のおかげで不満と憤りを克服したように見える。母は毎日仏前で経典を唱え、人生のはかなさを受け入れ、自分の人生につきまとった悲しい思い出を洗い流した。五人の子どもに恵まれたにもかかわらず、三人は母より早く他界し、残ったのはケイコと私の二人だけ。

しかし、明るい思い出もあった。それは多くの孫ができたことだ。まず長女キクコの息子二人（ティモシー、レスリー）と娘（ブレンダ）。次女エイコの息子二人（マイケル、デヴィッド）。三番目の子どもである長男トヨアキの息子（ミシェル）。次男ケンジの息子（マーク）。末娘ケイコの息子二人（ジョナサン、ミシェル）と娘（タニー）。

母も父も、孫たちを誇りに思っていた。きっと、母は自分の手記を孫たちとその親戚に読んで欲しいと願っていたはずだ。

バンクーバーで、母はミシェル（トヨアキの息子）、マーク（ケンジの息子）と行き来があった。一方、残る二人の子ども、ケイコと私はウィニペグに住み、それぞれの子どもを育てるのに忙しく、ミシェル、マークに会うこともなかった。

第Ⅲ部

母の没後

第一二章

母の日

今日は「母の日」（二〇〇三年）。今まで、私は商業路線の「母の日」を祝おうとは思わなかったが、考えてみれば、今や私はすばらしい息子二人に恵まれた母親であり、それに加えて、かわいい孫五人の祖母でもある。そう思うと、今日が特別の日に感じられた。同時に、年を取ったものだと少々寂しくもあった。

日本にいる次男は、母の日を祝う電話をくれた。一方、長男はきれいな花のブーケを送ってくれた。私は本当に幸せ者だ。友人の多くは家族とディナーを共にしていた。私の場合は、息子もその子どもも遠くに住んでいる。とくに、今年の「母の日」は、私自身の母が亡くなって初めての「母の日」だった。私にとって、「母の日」は自分の母親の思い出にふける一日になった。

二〇〇二年一二月二四日の母の逝去は予期せざるショックだった。当時、母の健康状態は改善しつつあり、友人や日系カナダ人仲間との付き合いも再開しようとしていた。私も母が亡くなるなど予想もしなかったので、クリスマス休暇はウィニペグに住む息子マイケルの家族や妹ケイコの家族とともに過ごす予定だった。母も、孫のブレンダやレスリーとともにクリスマス休暇を過ごすつもりだった。

そこに、長男マイケルの妻ドナから突然の電話。ドイツ・カナダ療養施設から母逝去の連絡があったとのこと。私と孫たちがクリスマス・プレゼントの買い物をしている最中だった。クリスマスなど吹っ飛んだ。一刻も早くバンクーバーに行かなければ。妹ケイコと私は葬儀の準備のためにボクシングデイ（一二月二六日）に出発することにした。

少し時計を戻そう。私は息子マイケルの家でクリスマス・ディナーを食べた…その食事には、いつものように妹ケイコの家族も参加した（訳注：一二月二三日以前）。なんと言っても今年の主役は四月二九日に生まればかりの孫アイザック（八ヶ月）。サンタの服を着せられ、皆の手から手へと渡された。とくに兄姉のサラとサミュエルからはしっかり抱きしめられた。

私たちは、クリスマスの朝の礼拝も行った。全員が居間のクリスマスツリーの周りに集まり、プレゼントを贈り合った。その後、マイケルがつくった朝食を食べた。このように私たちのクリスマスは、子どもを交えた楽しい行事であり、今年もそうなるはずだった。下の息子デイヴィッドは日本にいたが、彼、妻メアリー・アン、その子ジャミル（私の孫）からはプレゼントが届いた。クリスマスを祝う電話もあった。

再び、本日「母の日」に戻ろう。今朝、ここ数年間の思い出にふけっていた時、一昨日の夜、姪のブレンダから電話があり、散歩に出て夕食を食べないかと誘われていたことを思い出した。彼女も、「母の日」を前に、亡き母親キクコ（私の姉）のこと、また祖母（私の母）のことを寂しく思い出していた。そこで、私たちは一緒に墓地に花をたむけに行こうと決めた。とても気持ちのいい天気で、墓地には多くの人たちが訪れていた。墓地とは不思議な場所だ…愛する人との再会を象徴するような場所。

父の遺骨は、バンクーバー仏教会の墓に埋葬されていたが、母の死に伴い、母の遺骨と一緒に現在の墓地に埋葬された。これは両親の意思によるものであり、すでに墓は両親によって購入済みだった。

母は、毎日、仏壇に向かって先祖に手を合わせていた。母の生前、仏壇には彼女の両親、夫の両親の写真のみならず、夫、キクコ、息子二人（トヨアキとケンジ）の写真も並べてあった。母は、その仏壇に向かって、毎日、念仏を唱えていた。

ケイコと私は、母の四十九日の法要を仏教会で営んだが、それ以上の法事は、現在まで行っていない。

ブレンダと私は、午前中に墓地を訪れた後、バーナビーにあるマンデビルというレストランで昼食をとった。その後、レストランの庭園を散策、グランヴィル島まで車で行き、島内を散歩した。とても楽しい一日だった。

夜になった。ふと、二人の息子に母親として何ができたのか、疑問がわいてきた。しかし、母親として何をすべきかは一概に決まっていないことに思いが至った。私の母でもそうだ。母親が何をすべきかは、どのような環境で子どもが生まれ、育ち、生活していくかによって変わる。それは愛があるかどうかだけで決まるような単純な話ではない。もちろん、生きていく上で愛が大事なのは言うまでもないが。

母は私にとって力強い存在だった。母は強い意思の持ち主であり、家族の一人一人に影響力を発揮した…末っ子で甘やかされて育った父に対しても。母の強い意思は日本での子ども時代に鍛錬されたのだろう。母は三人娘の二番目。常に姉と競ってきた。学業でも姉と競い、両親はそれを頼もしく思った。母の父親は、後に再婚し、カナダに渡り仕事に成功する。

私の母は父と結婚し、とりわけ結婚当初は幸せな暮らしを送っていた。しかし、一九四二年に訪れた悲劇（バンクーバーからの追放）は希望と夢を奪い去った。晩年の両親を思い起こすと、不満と憤りを募らせる母、それを静かに受け入れる父という関係だった。

とは言え、母には多くの楽しみもあった。母は創造性に富み、何につけ達成感を追求するタイプの女性だった。それは、俳句、詩吟、日本画、一二年以上にわたる日記など、母が残したものを見れば分かる。残っているのは、晩年のものだけだ…初期のものは、度重なる引っ越しごとに処分されている。しかし、残っているものだけで母の人生を偲ぶには十分である。

一九六三年、両親がウィニペグを去りバンクーバーで余生を過ごそうと決意したのは、私の長男マイケルが三歳になる前だった。ウィニペグを去るというのは両親にとって苦渋の決断だっただろう。両親は、二人の孫（キクコの長男ティモシーと、生まれて数ヶ月の私の息子マイケル）と近くにいたかっただろうから。

正直に言えば、両親がウィニペグを去った時、寂しい思いと同時に何か肩の荷が下りたような感じもした。もちろん、私と母はしばしば手紙を交わしたし、母が望めばいつでも電話で話をした。母は私と電話で話すと、心のわだかまりが晴れたようだ。しかし、そのわだかまりは私のわだかまりに変化しただけ、という場合が多かった。

私が若かった頃、母は、移民ではあっても私に惨めな思いをさせぬようベストを尽くした。洋服のカタログや雑誌を見ながら、私のために服を縫ってくれた。しかし、学校の級友に比べると、私は「田舎者」に見えたはずだ。級友は格好よかった。級友は、流行のファッションを身につけていた…自分で選んだアクセサリー、小さなスカーフのついたセーター、胸の宝石、手首のブレスレットなど、
そのような級友との格差を、私は「超・楽天的」になることによって乗り切った。つまり、どこに行っても他人を立てることを第一とした。周りにいる誰に対しても共感の意を示し、寛容で親切であろうと努力した。母は、そのような私を「友人にこびている」と見なし、そんなことをしていると困難に陥ると警告した。しかし、そのような私の態度は、私が耐えねばならなかった差別への対応策だったのだ。

そのような態度を、私は結婚するまで変えなかった。しかし、結婚後のある日、他人にこびてばかりいること、つまり、この世のすべてを是認することは、他人に私の非を認め、謝り続けることだと気づいた。考えてみれば、人種差別主義者は、自分にとって差別する対象が必要だから差別しているのだ。決して差別される人

間に非があるのではない。人種差別主義者は、自らの自尊心を維持するために、「見下す」相手（差別の対象）を必要としているのだ。

その後、随分経って、私は自分の肌の色に誇りと安寧を持つようになった。「自分は何者か」という問に対して、「自分は自分であるしかない」という確信を持ち、将来への歩みを進めることができるようになった。

第一三章　芸術という進路

「自分は何者か」という問に答えるために、そして、さらに思考を深めるために、私には何らかの「手立て」が必要だった。その手立てとして、私はウィニペグ大学の夜間コースで人文科学の基礎（社会学、心理学、歴史学、文学、政治学など）を学ぶことにした。

私は、結婚以来一貫して職業についてきた。それは私自身の意思でもあったが、同時に、結婚後の数年間で、工学の研究から教師への転身を決意した夫の影響もある。この時期、私は第一子を出産するとともに、弁護士秘書として働いた。（この時期の一つの思い出として、三歳か四歳になったばかりの息子を職場に連れて行き、上司や同僚に紹介したこともある。）

その頃（一九六〇年代）、芸術と出会った。ある友人が、彼女の兄姉が牧師を務めていた教会で開いていた絵画教室に参加しないかと誘ってくれたのだ。私は深く考えることなく、その絵画教室に参加した。ほどなく彼女自身は教室に行くのをやめたが、私は行き続け、新しい可能性を見出すことができた。これに勢いづいた私は、マニトバ大学芸術学部を受験することを決意、急いで用意した画集を提出、奇跡的に合格した。これが芸術の世界に首を突っ込んだ始まりである。一九七三年、芸術学部に入学した。

ところが、間もなく、芸術活動が容易ならざることを認識させられた。芸術活動は単なる「創造」ではなく、「自分を問うこと」であった。芸術活動とは、自分自身に閉じこもるのではなく、他者との交流を通じて自分自身を広げることだった。言いかえれば、芸術活動は「生きること」そのものであった…自分自身の解釈や選択にとらわれずに生きること、これが芸術活動だった。

一九七七年、彫刻・絵画を専攻して芸術学士の称号を得た。私は、もう一年、友人とアトリエをともにしつつ西洋芸術史を学ぶことにした。

しかし、常に一つの疑問が頭を離れることがなかった…「私は何者か」という疑問。確かに、私は一人のカナダ人。しかし、周りの人々からはアジア人と見られている。考えてみれば、私は故国日本に行ったことさえない。

結婚して二年目、第一子を身ごもった頃、義母が亡くなった。私は義母を尊敬していた。もう少し長生きしてくれていたら、孫二人にも会えたのにと残念に思う。義母が亡くなった後、私たち夫婦は、リバー・ハイツに住む義父の家に引っ越した。その家で長男マイケルが生ま

グレイスは、「自分は何者か」を探求するために彫刻や絵画を学んだ。

れた。

義父はスコットランドのルイス島生まれで、カナダの大きな穀物会社に勤務していた。その会社を退職後、一旦スコットランドに帰国、再びカナダに戻り、若かりし頃からの知り合いであった女性と結婚、グラスゴー（スコットランド）に居住していた。私たち夫婦は、息子二人を連れて義父の家を訪問したことがある。エアシャーのガーバン、エジンバラに住む親戚もやって来た。義父夫婦も、ウィニペグのわが家を訪問した。

このように、義父が住む英国スコットランドとの行き来はあったが、いまだ日本訪問は視野になかった。自らの文化的ルーツを見定めたいと思い、大学教育を受け続けた。今度は、ブリティッシュコロンビア大学（UBC）を選び、一九八〇年、二年間の大学院課程（アジア芸術史専攻）に入った。

不思議なことに、私は日本芸術史よりも中国芸術史に強く惹かれた。多分、中国芸術の中に日本芸術のルーツを感じたのだろう。実際、中国には、日本や西洋より何千年も古い歴史がある。

UBC在学中、ウィニペグの家族のために、できるかぎりバンクーバーとウィニペグを往復した。記憶にあるのは、大学に入ったばかりの息子マイケルがウィニペグからバンクーバーまで、私に会いに車で来てくれたことだ。その時、二人で昼食をとりながら語り合った。私は、彼の成長ぶりに改めて驚いた。彼も、私の中に「変化」を見て取ったのではなかろうか。

アジア芸術史の研究は私にいい影響を与えてくれた。アジア芸術史を学ぶまでは、「カナダ人」になること、つまり、周りのカナダ人に「カナダ人」として認められることが、私の主たる努力目標だった。しかし、アジア芸術史の研究を通じて、私の中に祖国への誇りが芽生えてきた。

それでもなお、日本文化や祖国は私に安らぎを与えてくれるものではなかった。積極的に日系カナダ人と友人になることは求めず、西洋芸術を専攻する学生（主としてカナダ人）との交流を求めた。ただし、学生アシスタントとして、日系カナダ人を含む多くの学生と友人になれた。学校、宿舎で友人になった人たちとは、いまだに交流がある人もいれば、懐かしい思い出とともにある人もいる。

一九八二年の秋、UBCからウィニペグに戻った。その時、私は、夫、それから二人の息子に一つの重大な決意を伝えた…それは、夫婦や家族と別居してでも自己実現への旅を続けたいという決意だった。今から振り返れば、二人の息子への影響にも関わらず、よくぞあのような決意ができたものだと思う。当時、長男は大学生、次男はまだ高校生。次男は私の決意に動揺した。しかし、私は家族との別居に踏み切った。私は自分自身を磨くのに専念することになった…なんと利己的に振る舞ったことだろう。UBCに在学中、息子が送ってくれた手紙を今でも持っている。手紙を読み返すと涙がこみ上げてくる。

二人の息子のよき母親ではなかったこと、これは否定しようがない。それにもかかわらず、息子たちは日々たくましくなっていった。確固とした「自分」を見つけ、将来への道を切り開く姿勢では、母親をしのぎつつある。

ところで、「自分とは何者か」という問に答える道として、なぜ私は芸術を選んだのか。その理由は、芸術という言葉こそ使われなかったが、母を通じて、私の成長プロセスには芸術的な要素が常に身近にあったことだ。芸術的な要素が、日々の生活に溶け込んでいたと言ってもよい。

たとえば、強制収容地にいた頃、母は森に散歩に行くと、手にいっぱいの樺の樹皮を持ち帰り、樹皮を薄くむきとっていた。樹皮を平たく伸ばして乾かし、それに日本の詩歌や格言を筆で書くのだ。母は、樹皮の「紙」に書いた文章を、遠い日本に住む妹のヒデヨに送るのだと言っていた。無論、そのような樹皮を郵送するなど当時は不可能だったが。

このような母の「芸術」は幼少期から育まれたものだったのだろう。母の芸術は裁縫にも現れていた。当時の日系カナダ人の母親にとって、裁縫は必須の営みだった。子どもの服を縫う、古着を縫い直して新しい服にする、こういったことは当たり前だった。バンクーバー時代、私の母も父の仕事着を縫い直して弟の服を作ったりしていた。何でも無駄にしてはいけない…「もったいない」

母にとっては、裁縫は単なる作業ではなく、デザインの楽しみを感じる営みでもあった。母は、日本にいる頃、資産家の家に育ち、和歌山市の女学校に通い芸術を学んだりもしていた。さらに、父と結婚した後も、バンクーバーで裁縫のレッスンを受けていたし、ミントに移動した後も、ワタダさんという裁縫の先生からレッスンを受けていた（ワタダさんはバンクーバーで有名な裁縫学校を卒業していた）。母が大きな茶色の紙を床一面に広げ、次の作品のデザインを描いていたのを覚えている。母が裁縫に使うミシンと木製の定規は、私たち子どもが触れてはならない物だった。

私が幼い頃の家族写真を見ると、皆、母お手製の洋服を着ている。日本では和服しか縫ったことがないのだから、母は、カナダ到着後五年以内という短時間の間に洋服の裁縫をマスターしたのだ。

母の手作りのドレスをまとったグレイス。
母にとって裁縫は単なる作業ではなく、芸術的表現の一つであった。

ウィニペグにいた頃、若かりし私が、マニトバ全カナダ日系人協会や大学主催のクリスマス舞踏会に出る時にはいつも、母がデザインし縫ってくれたきれいなドレスを着ていった。母がやっていたことは、まさに絵を描き、材料を選び、作品をつくるという芸術的営みだった。

＊＊＊

一九八二年、ウィニペグに戻った後、マニトバ大学芸術学部付属ギャラリーから展示監修者／キュレーターの補佐にならないかという誘いがあった（そのギャラリーには、多くの著名な作品が収蔵されていた）。私はギャラリーの近くにアパートを借り、七年間、ギャラリーで仕事をした。その間、ウィニペグの芸術家を間近に見たり、全国的に有名な監修者やキュレーターに接したりすることもできた。また、大学の芸術史の授業も担当した。そのおかげで学生たちの見学旅行に同行し、ニューヨーク、シカゴ、ミネアポリスのギャラリーを訪れることができた。休暇中は、もっぱらヨーロッパのミュージアムやギャラリーを巡った（ロンドン、アムステルダム、ミュンヘン、パリ、ミラノ、ベニス、フローレンス、等々）。まさに異文化接触という新鮮な経験の連続だった。

イヌイットの芸術家とその家族に会ったのは感情を揺さぶられる経験だった。彼らの顔をじっと見つめると、なにか自分に類似するものを感じた。彼らとは何時間も語り合い、優れたイヌイット系芸術家の作品（絵画、版画、壁掛けなど）について学んだ（訳注：イヌイット系芸術家の氏名は省略した）。

イヌイットが住む地域を訪れることもできた。その地域は、寒くなると一面が雪、温暖になると一面がコケに覆われる。木々は生えていない。低い草藪に、雪に凍ったブルーベリーを見つけ驚いた。イヌイットは湖が凍ると、氷に穴を開けて魚を捕る。ある春の夜、誘われるままに若者についていくと、湖上の穴を覆う小屋を撤去していた…季節の移り目を感じさせる光景だった。私は、ここで書き切れないほど多くの経験をした。

しかし、カナダ政府のエスキモー芸術協会の人たちと仕事をともにする中で、ある重要な事実に気がついた。イヌイットの芸術作品は収集家によって売買され、南部のミュージアムやギャラリーに並べられ、人気を博していた。また、イヌイットの芸術史については大学で教えられてもいた。しかし、だからと言って、私が訪れたイヌイット・コミュニティの未来は必ずしも明るくなかった。そもそも、そのコミュニティは強制的な「移住」によってつくられたものだった。コミュニティの芸術作品は、エスキモー芸術協会を通じて政府の管理下に置かれていた。

政府管理の一例として、石版画にエスキモー芸術協会の認定シールが貼られ、南部で開催される展示会に出品されるか否かは、もっぱら芸術協会の判断で決まる。芸術協会の認定を得られない石版画は壊して破棄される。これは私にとってショッキングな事実だった。あまりにも植民地主義的と言うか、イヌイットの版画家に不公平だったからだ。そこで、私は一つの提案をした…「仮に芸術協会の認定シールを得られず、南部で売買されない版画であっても、北部では売買可能にすべきではないか」と。

＊＊＊

マニトバ大学芸術学部付属ギャラリーに勤めて七年が過ぎた。私は長期休暇を申請し、認められた。新しい芸術理論や芸術実践の動向について学びたかった。ポストモダン、ポスト植民地主義など、時間がなくて手をつけられなかった分野について、じっくり勉強したかった。

一九九〇年、日系カナダ人戦後補償金が支払われた。私は補償金を授業料と住居費に当て、英国北部のリーズ大学の大学院課程に入学した（こんなことは両親が聞いても信じがたいことだっただろう）。リーズ大学には、フェミニスト研究の第一人者グリゼルダ・ポロック教授がいた。ポロック教授とは、一年前、私がバンクーバー・アート・ギャラリーで開催されたワークショップに出席した折にお目にかかっていた。その後すぐにリーズ大学を訪れ、リーズ大学での勉学を決意した。

英国には直行せず、あえて回り道をした。まず、友人とニューヨークに行き、当時話題になっていた展覧会を見た。それに続いて、息子に会うために日本に飛んだ…息子は愛知県で英語を教えていた。これが、私にとって初の日本訪問だった。日本では、息子デイヴィッドと一緒に、両親が生まれ育った和歌山県三尾を訪問、母の妹（私の叔母）ヒデヨに会った。

次男デイヴィッドは突然日本に行ったわけではない。まずは、長男マイケルが日本に行き、英語学校で英語を教えている。マイケルは、法学部を卒業後、卒業論文の提出を一年延期し、一年の前半はヨーロッパと中東、後半は日本に滞在した。デイヴィッドは、その数年後、日本に行き、マイケルと同じ英語学校で教鞭をとった。その後、デイヴィッドはカナダに帰国。帰国後数年が経った頃、教鞭を執っていた英語学校から愛知県豊橋市か豊川市に学校を開設するので、教師にならないかという誘いを受けた。デイヴィッドは、その誘いを受け、今も愛知県に住んでいる…結婚して、妻と一人息子ジャミール・ケンジとともに。

リーズ大学までの途上、ニューヨーク、東京、ロンドンという三つの大都市を訪問したが、大きな文化差があった。それを如実に示すのが、各都市の駅である。ニューヨークとロンドンの駅は汚かった。一方、東京の駅は実に清潔だった。

孫（デイヴィッドの息子ケンジ）からおもしろい話を聞いた。定期的に替えの下着と手袋を学校に持ってくるよう言われていること、生徒は一時間くらい学校周辺のゴミ拾いをすること、など。なるほど、だから町がきれいなのか。壁に落書きもなければ、道路にはゴミも捨てられていない。こんなことはカナダでは信じられない。日本では、小学校に上がれば、こんなことはきちんと躾けられるのだ。

リーズ大学に入るためにウィニペグをあとにした時、唯一うしろ髪を引かれたのは初孫サラとの別れだった。

サラは、前年に生まれたばかり。私は祖母としてサラと楽しい時間を送っていた。

こうしてリーズ大学での勉学が始まった。勉学はなかなかハードだった。他の学生とともに留学生用の宿舎に住み、授業、研究、論文執筆と、忙しいスケジュールをこなさねばならなかった。

例によって、学校でも宿舎でも私は最年長だった。年齢を聞かれることがたびたびあったが、いつも私は「なぜそんなことを聞くの？　年齢なんて私に関係ないわ」と答えた。そもそも私が大学教育を受け始めたのは、二人の息子が学校に上がってから。年齢など関係ない。自己実現という夢を追うのに年齢などどうでもよかった。

毎月一度、論文執筆の合間を縫って、マンチェスターやロンドンのギャラリーを見に、一、二日の小旅行をした。宿舎で過ごす時には、よくテレビでテニスを見た…学生と席を並べて勉強なんか始めなければウィンブルドンに出られたかも、などと夢想しながら。実際、私はテニスをするのが大好きだった。一〇歳代後半から二〇歳代前半までの結構長い間、私はテニスをしていた。週末には必ず、サージャント公園の野外コートに友人と行き、テニスをしたものだ。

リーズ大学在籍中、学校でも宿舎でも文化を異にする国内外の学生たちと交流することができた。彼らの民族的・文化的特殊事情が人生にどのような影響を与えたのか…私は多くのことを学んだ。

ちょうどこの頃、湾岸戦争が勃発した。そのため、中東諸国からの留学生はいろいろ苦労したようだ。一方、英国ではサッチャー政権に対する抗議運動が盛り上がった。私も宿舎を飛び出し、カメラ片手に抗議デモに参加したことがある。その頃、なぜか分からないが、留学生で納税義務のない私にも納税通知書が送られてきた。もちろん無視。私の友人は、「英国に再入国したら逮捕されるよ」と冗談を言った。

一九九一年、一二ヵ月ちょっとで、芸術史の修士号をとることができた。修士課程で薫陶を受けたポロック教授には学問的な影響のみならず、「自分とは何者か」という問への答えを得る上でも大きな影響を受けた。その問はアジア系カナダ人としての自分に関する問から、さらに広がって、女性としての自分に関する問をも含むようになった。女性は種々の差別を受けている。とくに職場では、差別的な処遇の犠牲になっている。ウィニペグに帰るに当たって、女性としての自分について過去を振り返ってみた。

宿舎をひきあげる準備をしている最中、マニトバ大学芸術学部付属ギャラリーの所長から手紙が届いた。すでに述べたように、私はそのギャラリーに七年間勤務し、長期休暇をもらっていたので、当然復職できるものと考えていた。しかし、所長の手紙には、「経済的な理由」により復職はできないと書いてあったのだ。もちろん、これは予想外のことだった。しかし、私は一つの発見をした。すなわち、「高い地位にある人間（多くの場合は男性）は、他人のことは差し置いてでも自分のやりたいようにする。とくに女性のことなど二の次三の次なのだ」という発見をしたのだ。

当時、管理職や教職の地位にある男性の中には、妻がいるにもかかわらず、女性の職員や学生と性的関係を持つ者が少なくなかった。しかも、仮にそれを知る人がいたとしても、見て見ぬふりをするか、許容さえしていた。信頼できる情報によれば、女性からの苦情が、管理者や組合にたくさん届いていたと言う。私はマニトバ大学芸術学部のギャラリーに勤めていたせいで、そのような情報にはさして驚きを感じなかった。ギャラリーに勤めていた七年間、私は職員組合にも関わっていたが、他ならぬ私自身が管理職からハラスメントを受けた経験もあったからだ。

マニトバ大学のギャラリーを去ろうとしていた矢先、仕事で知り合った尊敬する大学管理者から支援の言葉をいただいた。その時点では、私はすでに組合に苦情を訴えていた。彼らの支援の言葉で事態がどうなるということはなかったが、支援の言葉自体には心から感謝の念を抱いた。また、マニトバ大学の学外の芸術家からも、女性差別を糾弾する声があがった…学外の芸術家の中には、マニトバ大学のギャラリーでの展示を拒否された著名な人もおり、それはマスコミでも大きく取り上げられた。同大学建築学部長は、ことが一段落するまで、私が芸術史の授業を非常勤講師として担当するよう動いてくれた。

このような支援を受けつつ、種々の事情聴取を受けた結果、最終的に、「私のような女性が勝利をおさめる」ことは無理だという結論に達した。ちょうどその頃、サスカチュワン州プリンスアルバート市にある「リトル・ギャラリー」が展示監修者／キュレーターを公募していた。私は、それに応募して採用された。息子二人と一緒に暮らしていたが、仕事を優先した。

今、リーズからウィニペグに戻った当時を振り返って一つだけ後悔するのは、私が提出した修士論文だ。最近になって、マニトバ大学の芸術史の教授から、その修士論文を読みたいのだが出版されているのかという問い合わせがあった。その教授は、「ライオネル・ルモワーヌ・フィッツジェラルドの自叙伝に関する解釈」という修士論文のテーマに関心を持っていた…オンタリオにあるマクマイケル・アート・ミュージアムも関心を持っていたらしい。

その教授は、私がウィニペグに戻ってほどなく研究発表したのを聞き及び、私の修士論文のことを知ったようだ。

私にとっては三〇年前に書いた修士論文。当時は修士号を取れれば、それで十分だった。論文は、書架の片隅でほこりをかぶっていた。

＊＊＊

一九九二年、プリンスアルバート市に移動して最初に出会ったのは、ヒックスさんだった。職場の「リトル・ギャラリー」は市役所ビルの二階にあった。ヒックスさんは、休憩のお茶を飲んだ後、午後四時きっかりにロープを引いて、つり鐘を鳴らした。最初の日、この町に来た記念にと私にロープを引かせてくれたことを今でも懐かしく思い出す。ヒックスさんの「歓迎」以外にも、盛大な歓迎会が開かれた。歓迎会には、ギャラリーの運営委員、優れた芸術家や伝統工芸作家が参加、マスコミにも取り上げられた。歓迎会では、ジャック・ヒックス氏、ジョージ・グレン氏を含む何人かと知り合いになった。彼らとは、その後定期的に会い、楽しい思い出深い時間を過ごした。

こんなこともあった。ある日、ギャラリーのキッチンでお茶を飲んでいると、空は晴れているのに雨が降ってきた。私は、ジャックに「狐の嫁入りだ」と言った。「狐の嫁入り」は、不思議な自然現象を指す言葉として母が教えてくれた言葉だった。これを聞いたジャックは、この言葉にとても興味を持ち、何日かうちに、この言葉に基づく詩を書き、私に送ってくれた。

リトル・ギャラリーでは、三年間、当地の芸術家や周辺地域の芸術家のためにキュレーターの仕事をした。また、当地のサスカチュワン大学では芸術史の授業を担当した。授業では、リーズ大学で学んだポストモダニズムの理論についても紹介した。何人かの芸術家は、その理論に興味を示し、私を囲む研究会を開催した。それは私にとって大きな喜びだった。

この時期、私は再びカナダ社会のあり方、とくにカナダ先住民に対する態度に疑問を持つようになった。リトル・ギャラリーでの仕事を初めて間もなく、私は、サスカチェワン先住民の優れた芸術家でさえ、ギャラリーの活動に参加していないのに気がついた。そこで、ある大きな展示会の準備を進めている時、先住民芸術家に会い、作品を出品するよう働きかけた。その過程で何人かの先住民芸術家が刑務所に収監されていることを知り、彼らに会いに刑務所まで足を運んだ。彼らは、すばらしい作品をつくっていた。

私の動きをきっかけに、リトル・ギャラリーの方針が変わりだした…もちろん、最初からすべての運営委員が賛同したわけではないが。翌年の展示会には、先住民芸術家の作品が数点出品され、そのうちの一つは最優秀作品賞に輝いた。

リトル・ギャラリーに来て三年目、私はボブ・ボイヤー氏と仕事をする機会に恵まれた。彼は著名なビジュアル・アーティストであり、同時に、リジャイナ大学の通称サスカチェワン・インディアン・カレッジの教授でもあった。私たちは、各地を移動する形式の展示会「分断されるアイデンティティ：世界の共有に向かって」を開催した。ボブがキュレーターを務め、多くの著名な芸術家が作品を出品した（訳注：芸術家の氏名は省略した）。

プリンスアルバートで過ごした数年間には、多くの心揺さぶられる思い出がある。たとえば、誕生日には、アルディアン・ヴィニッシュさんのコーヒーテーブル、ジョージ・グレンさんの紙の小箱など、すばらしいプレゼントをいただいた。また、多くの工芸作家とも親しくなった。彼らの作品の一つ、陶製の器は今でもよく使っており、使う度に当時を偲んでいる。

カレン・ケイという学部学生がリトル・ギャラリーでボランティア活動に携わっていた。ある時、彼女が周到に調査研究をして執筆した論文のコピーを届けてくれた。その論文は、先住民寄宿学校（訳注：先住民の同化政策として政府が設立した寄宿制の学校）の存在を私に教えてくれた。この種の寄宿学校は、長年存続した。この論文は、今でも私の手元に置いてある。カレンには心から感謝している。

私がプリンスアルバートを去る頃、芸術家コミュニティはアートギャラリーと劇場を合体した施設を建設する許可を市から得ることができた。その後、芸術家コミュニティはどうなったのだろうか。いつの日か、プリンスアルバートを再訪し、芸術家たちに会いたいものだ。

第一四章

懐かしのバンクーバーへ

一九九四年、次なる地、バンクーバーに移動した。父が亡くなってから一〇年が経っていたが、母はコマーシャル通りの「キンズメン高齢者アパート」で暮らしていた。私は、そのアパートから遠くない範囲で職を探した。

その頃、バンクーバー・アートギャラリー（VAG）とバーナビー・アートギャラリーが同時にキュレーターを募集していた。私は、両方に応募した。VAGでは最終候補者になったが、面接は決して快いものではなかった。面接では、三人の男性キュレーターと管理職者が芸術活動や芸術理論に関するありきたりの質問をした…質問に答えるのはたやすかった。面接の数日後、VAGから電話があり、私が提出した履歴書に関する質問があった。まだ候補者として残っているのが分かった。しかし、私は逆に質問した、「私が採用されるならば、私ならではの活動をギャラリーに持ち込もうと思うが、それに関心はありませんか?」、「私と他の候補者の『違い』は気になりませんか?」。

他の候補者との『違い』は、私にとって重要なことだった。私は長らく、その『違い』を消し去ろうと努力してきた。しかし、この時点では、『違い』をはっきり認識し、それを大事にしていこうと決意するに至っていた。私に電話をしてきた人物の頭には、履歴書の文面しかなかったので、私の質問にはさぞ驚いたことだろう。その後、VAGからは何の連絡もなかった。

バーナビー・アートギャラリーにも応募した。バーナビー・アートギャラリーからは、面接の直後に採用決定の通知が来た。こうしてバンクーバーでの生活が始まった…生まれ育った地、バンクーバーでの生活。

以上は一九九四年の話だが、私は、その二年前、一九九二年にもバンクーバーを訪れていた。その折には、一九八八年九月二二日の戦後補償金支給を祝う全カナダ日系人協会の総会に出席した。総会は、かつてはアジア系住民が立ち入り禁止だったホテル・バンクーバーで開催された。

総会に出て、私は次のことを知った…一九七七年、日系移民百周年を記念してバンクーバー市議会は、ダウンタウン・イーストサイド地区に総額六八万五千ドルを投じる計画を承認、そのうち一五万ドルを日系カナダ人コミュニティの施設拡充や文化普及のために使用することを決定。この市議会決定には、「日系カナダ人居住エリア

一九七七年に開催された「第一回パウエル祭」。
初の日本人カナダ渡航から数えて百周年記念。

の歴史的重要性に鑑み」という一節が盛り込まれている。

同年一九七七年の四月一六日には、バンクーバー市の援助のもと、約七〇人の日系カナダ人一世がオッペンハイマー公園に集まり、最初のカナダ移民から数えて百周年を記念して二一本の桜を植えた（オッペンハイマー公園は、私が子どもの頃、「パウエル広場」の名前で知られていた）。私は、両親がともに健在で、桜植樹に参加できたことを嬉しく思っている…一九七四年頃、バンクーバーの日系カナダ人の間には、日本で言う「隣組」のような制度ができ、日系カナダ人が団結し、高齢者や若い新規参入者を援助する中心的役割を果たしていた。植樹された桜は、すぐ横に植えられた杉の木とともに現在も残り、若い世代に移民の歴史を伝えている。

一九九二年の総会を通じて、私は、移民百周年記念に参集した日系カナダ人の全国組織の存在を知った。とりわけ、私の関心を引いたのは、日系カナダ人芸術家であった。日系カナダ人芸術家が日系カナダ人としての一体感を育むこと、彼らは一致して、これを訴えた。そもそも一九四二年までは、日系カナダ人芸術家も、その家族も西海岸に集住していた。しかし、強制収容地への強制移住と、見知らぬ地への追放によって、彼らも散り散りになったのだ。

オンタリオ州ハミルトン出身の著名な芸術家／キュレーターであったブライス・カンバラ氏のリーダーシップによって、移民百周年記念集会に出席していた日系カナダ人芸術家たちは、全カナダ日系人協会に対して、日系カナダ人芸術家の組織を立ち上げるよう働きかけた。それに対して協会は支援のための基金を設立した。

一九九四年四月、トロントの日系カナダ人芸術家は、東部地区の会議「日系カナダ人芸術家シンポジウム」を開催した…その会議は、「アイ（愛）」と呼ばれた。同年一九九四年には、アイコ・スズキ氏によって、日系カナダ人芸術家の名簿が編纂されている（近年、この名簿に基づいて、そのオンライン版が、バンクーバーのパウエル祭実行委員会、トロントの日系文化会館、全カナダ日系人協会の三者によって作成されている）。

一方、バンクーバーの芸術家たちは、東部地区より一年遅れて、一九九五年三月、バーナビー・アートギャラリーで西部地区の会議を開催した…その会議は、「ツドイ（集い）」と呼ばれた。会議は、ブリティッシュコロンビアの芸術家と詩人ロイ・キヨオカを追悼するものであった。

私が、バーナビー・アートギャラリーのキュレーターになったのは、ちょうどこの頃である。まだ芸術家を含めてバンクーバー在住の日系カナダ人をほとんど知らなかった。それにもかかわらず、西部地区の会議「ツドイ」を組織するよう勧められた。勧めたのは、ブライス・カンバラ氏とハルコ・オカノ氏の二人。二人とは、全カナダ日系人協会の総会（一九九二年）で知り合いになったばかりだった。「ツドイ」を組織することによって、カナダ西部（とくにブリティッシュコロンビア）で活動する多くの日系カナダ人芸術家と面識を得ることができた。それは、私にとって大きな名誉であった。

ここで、話が二〇年ほど飛躍することになるが、二〇一六年四月二日にトロントの日系文化会館で開催された「日系カナダ人芸術シンポジウム」に触れておこう。この時、ハミルトンのユーミー・ギャラリーのキュレーター兼経営者であり、日系文化会館のトップでもあったブライス・カンバラ氏は、私とハルコ・オカノ氏にシンポジウムの基調講演を依頼した。このようなブライスのリーダーシップにも表れているように、移民百周年記念から二〇年間で、日系カナダ人芸術家はカナダでも、また国際的にも一目置かれる存在になった。二〇年前には性急過ぎるとの見方もあったが、それはもはや過去の話となった。

再び、話を一九九四年、私がバンクーバーに移動した頃に戻そう。この頃、ジム・ウオン・チュウ氏から「アジア系月間」というイベントを一緒にプロデュースしないかという誘いを受けた。このイベントは一九九六年に立ち上がり、今日でも続いている。ジムは、このイベントに精魂を傾けてきた。このイベントは、私にとっても新鮮な経験だった。なにしろ、日系カナダ人コミュニティをほんの一部とする広大なアジア系コミュニティの中で異文化交流を推進しようとするイベントだったからだ。

バーナビー・アートギャラリーのキュレーターとしての私の関心は、異文化交流というテーマに急速にシフトしていった。ギャラリーのトップ（当時）、カレン・ヘンリー氏も、私を応援してくれた。一九九七年には、「文化的越境と文化的差異：文化変動の軌跡」というタイトルで、八人の芸術家を特集した。彼らは、ヨーロッパとアジアからの移民、カナダ生まれの二世、先住民であった。また、現地の公立学校の生徒たちによる芸術作品や文学作品の展示もプロデュースした。生徒たちの多くは最近の移民の子どもで、ギャラリーの教育担当リタ・ウオング氏の指導を受けた。

上記の特集に参加した芸術家の中に、ハルコ・オカノ氏がいた。彼女は日本人の血を引くカナダ人で、日系カナダ人ではない親の養子として育てられた。彼女は、瞑想的な芸術手法を使って、「文化の真性」というテーマに取り組んでいた。他の参加者として、一九八九年の天安門事件の直後に中国から移住した芸術家グ・ション氏もいた。他にも、先住民オジブワ族の芸術家、中国から訪問中の芸術家、東ヨーロッパ出身の芸術家、イランと中国双方の血を引く芸術家など実に多彩な参加者だった。

この時期、一人の芸術家を特集する展示会のキュレーターも務めた。たとえば、ヘンリー・ウオング氏。彼は、ジャック・アンド・ドリス・シャドボルト財団の一九九三年ＶＩＶＡ賞を受賞していた。それから日系カナダ人陶芸家のサダシ・イヌズカ氏。自然環境をテーマに、「愛しい湖」というタイトルで展示会を行った。

当時の活動をもう一つあげると、国連の第四回世界女性会議とタイアップして、「女性の眼を通して」と題する展示会を開催した。この展示会では、現代の女性問題に関する討論会も開いた。

そもそも一九七〇年代に始まる私の芸術活動では、「自分とは何者か」という問に答えることが主たる関心であった。しかし、一五年以上の現代美術キュレーターの経験を経て、私の関心は異文化交流へと変化していった。その変化は、驚くべき学びの連続だった。多種多様な芸術家コミュニティとの出会いと共同作業を経験しつつ、加えて、排他主義というポスト植民地的な諸問題にもしばしば関わってきた。単に知識が豊かになるのみならず、私の方からさまざまな人々に接触し、それらの人々と私自身の経験を共有していく自信も得た。

一九九八年、バーナビーギャラリーは、非営利団体から市立ギャラリーに移行することになった。私は、監修者／キュレーターとして残って欲しいと依頼されたが、ギャラリーを去る決心をした。「市立」になれば、官僚的な組織の中で仕事をしなければならない。それがいやだった。

第一五章

国立日系カナダ人ミュージアム

バーナビー・アートギャラリーでキュレーターの仕事をしている頃、バーナビーに「国立日系カナダ人ミュージアム」の設立計画があり、ボランティアや非常勤職員が展示品を収集していることを聞いた。インタビュー記録や写真を含む収集品は、バンクーバーのイースト・ブロードウェイにあるバンクーバー日系カナダ市民協会のビルに集められていた。

それとほぼ同時に国立日系カナダ人ミュージアムを一部とする「日系カナダ人センター」も構想されていた。私は、それらの計画を作成している事務所に行った…「なぜバーナビーにつくるのだろうか?」と思いつつ。一九四二年までは、日系カナダ人の活動の中心は、同じブリティッシュコロンビア州でもバーナビーではなく、バンクーバーだったと母からも聞いていたからだ。

私には、長年ミュージアムで働いた経験もあり、日系カナダ人の歴史についても研究していたので、アドバイスできることがあるのではないか、と考えた。私は、計画を作成しているスタッフに、そのように申し出たが、まったく相手にされなかった。その当時、私は西海岸に移動して間がなく、日系カナダ人の知人は少なかった。おそらく、私は氏素性の分からぬよそ者と思われたのだろう。

しかし、数年後の一九九八年、国立日系カナダ人ミュージアムの所長フランク・カミヤ氏から、ミュージアムを「国立」にふさわしいものとするために専門的な助言をして欲しいと依頼された。ミュージアムは、二〇〇〇年九月二二日、バーナビーの予定地にオープンすることになっていた。カミヤ氏の依頼はタイミングがよかった。バーナビー・アートギャラリーをやめ、フリーランスでキュレーターをやろうかとも思っていた頃だったからだ。カミヤ氏の依頼によって、私の主眼は、芸術一般から転じて、日系カナダ人の歴史とミュージアム運営へと移った。

その後一年近く、私は、プライベートな時間を割いて、本格的な国立ミュージアムをつくるにはどうしたらよいかを研究した。とくに、ブリティッシュコロンビア大学名誉教授のマイケル・アメス先生（文化人類学専攻）からは格別の指導を受けた。彼は、ブリティッシュコロンビア・ミュージアム協会の会合で初めて出会った時、私にパネルディスカッションの登壇者になるよう勧めてくれた人物だった。アメス先生以外にも、バンクーバー・ミュージアムやバンクーバー・ホロコースト教育センターのキュレーター、マネジャーからも、多くの情報とアドバイスをいただいた。

ミュージアムが種々の企画を実現する資金を獲得するには、公式の監修者／キュレーターのポジションが必要なことが明らかになった。そこで、一九九九年六月、私が主任監修者／キュレーターに指名された。手当は、わずか週二日分の三〇〇ドルだったが、まだ立ち上がってもいないミュージアムの運営委員会が、やっとのことで支払える金額だった。

もちろん、私は毎日仕事に行った。手当は一人の人間が生活していくのに十分な額ではなかったが、それにもかかわらず運営委員会の依頼を引き受けた。日系カナダ人コミュニティが自らの歴史を保存し、教育していこうとするプロジェクト、すなわち、「国立」にふさわしい日系カナダ人ミュージアムを立ち上げるプロジェクトに、私の知識と経験を活かそうと決心した。一九八〇年代の戦後補償請求運動に、私は家族の死が相次いだ事情から参加できなかった。その贖いをしたいという気持ちもあった。

私は、さまざまな基金に資金提供を依頼することに着手した。展示スペースや収蔵庫（温度調節可能な収蔵庫）を設置する資金はもちろんのこと、訪問する学生や研究者が、ミュージアムのスタッフと共同研究をする共同研究センターを設置する資金など。

ほどなくして、国立日系カナダ人ミュージアムは、「国立」の基準を満たす施設として正式の認可を得ることができた。

目下の課題は、ミュージアムのオープンに合わせた展示会をプロデュースすることだった。まだプロのキュレーターに依頼する資金はなかったので、私自身が、アルバイターやボランティアの手を借りながらキュレーターの役割を担うことにした。芸術家コミュニティ（とくに、ロイ・ミキ氏、ミッヂ・アユカワ氏）のサポートを得て、さまざまな基金に対してオープニング記念展示会の資金を申請する活動を行った…展示品のデザインや運搬などに要するコストや、展示会のカタログを作成するコストを賄わねばならなかった。

展示会の準備を進める過程で、記録写真・記録情報の収集をも行った。個人的に保存されていた写真、バンクーバー公立図書館が所蔵していた写真（とくにブリティッシュコロンビア保安委員会が収集していた写真）、ブリティッシュコロンビア大学アジア研究センターが所蔵していた写真（権並恒治氏の協力を得た）、等々。

文字どおり、国立日系カナダ人ミュージアムは生まれたてで知名度は低かった。私は、ブリティッシュコロンビア・ミュージアム協会やカナダ・ミュージアム協会の会合に出て、「すでに立派な国立ミュージアムが存在するのに、なぜ国立日系カナダ人ミュージアムが必要なのか」という疑問に答えた。そのような疑問は、日系カナダ人の歴史をあまり知らない人々が広く抱いていた疑問であった。私は、その疑問に自信を持って答えた…カナダ人の間に人権意識を徹底しなければならないという信念をもって。

国立日系カナダ人ミュージアムの目的は、日系カナダ人コミュニティを超えて広範な人々に利用してもらうことだった。そこで、オープニング・イベントのテーマは、「強制収容と戦後補償請求運動」とした。多種多様な人々の声と資料を収集し、「カナダの人権意識に関する根本的問題」を議論の俎上に載せた。

たとえば、第二次世界大戦中および戦後にカナダ政府が行った人権無視の非道に対して、全カナダ日系人協会が表明した文書「裏切られた民主主義（Democracy Betrayed）」（一九八四年）を紹介した。次の一文は、その抜粋である…「民主主義は裏切られた。カナダ政府は、日系カナダ人を人種差別主義から法的に守ることを放棄し、日系カナダ人の財産や所有物を剥奪し、日系カナダ人を強制収容地に移住させた」。

他にもオープニング・イベントでは、市民権、人権、多文化主義という概念、また、民主主義の基本をめぐって問題提起がなされた。

たとえば、オードリー・コバヤシ氏は、論文「カナダにお

全国日系カナダ人センター発足のテープカット（二〇〇〇年九月二十二日）

ける人種差別主義と法制度…地理学的視点から」の中で、原理原則と現実社会のギャップについて問題を提起した。彼女は、ニュルンベルク国際軍事裁判が世界中に衝撃を与え、国連によって「人権」の概念が見直されたことを紹介した。このような国連の動きの中で、カナダ代表は国際的批判の矢面に立たされた…戦中、戦後と、日系カナダ人が強制収容され、それが裁判でも合法とされたことに批判が集中したのだ。

なんと言っても、オープニング・イベントで最大の話題は、日系カナダ人の強制収容と戦後補償問題だった。強制収容を体験した日系カナダ人は少なくなりつつあったので、強制収容に関する証言を記録しておくのは急務だった。重要なのは、強制収容は人種差別と密接な関係にあるということだ。すなわち、日系カナダ人は戦時中に「敵性外国人」と見なされる以前から、「ジャップ」と呼ばれ、人種差別の対象になっていたことを忘れてはならない。それを示す例として、開戦以前から、日系カナダ人には身分登録証の携帯が義務づけられていた。登録証には、カナダ生まれか否か、カナダに帰化しているのか否か、カナダの市民権を有するのか否かが記載され、指紋の押捺も義務づけられていた。

このような日系カナダ人の歴史は、一八七七年に初めてカナダに渡った先駆者や、日系カナダ人のごく身近に住んでいたカナダ人にとっては周知の事実だった。しかし、その事実は、国立日系カナダ人ミュージアムが誕生する頃には、カナダの主要なミュージアムや学校教育の現場からは忘れ去られていた。しかし、この事実は、「カナダは非の打ち所のない人権尊重の国だ」という認識（思い込み）に大きな疑問を呈するものであった。

ひとくちに日系カナダ人と言ってもさまざまだ…漁業従事者、農業従事者、鉱山労働者等々。また、現在の政府のもとで生活する人もいれば、過去の政府のもとで生活していた人もいる。しかし、そんな違いを超えて、すべての日系カナダ人はカナダ社会の一員であり、カナダ社会に貢献してきた。日系カナダ人とカナダ人の間に何らかの違い（たとえば肌の色など）があったとしても、それは遺伝的な違いに過ぎず、カナダ人に受容されるべき違いであるはずだった。しかし、日系移民は、最初の最初から人種的偏見の対象だった…「東洋人」という偏見の目で見られた。

二〇〇〇年九月二二日、国立日系カナダ人ミュージアムのオープニング記念展示会が、「記憶と歴史…日系カナダ人戦後補償問題を通じて」というタイトルで開催された。記念展示会は、ミュージアムの設立委員長であったフランク・カミヤ氏と主任監修者／キュレーターであった私が中心になって開催した。同日、日系カナダ人センターもオープンした。ミュージアムは、センターのメインフロアを借りて発足した。

オープニング・セレモニーには、何百という大勢の人々が参加した…多くの著名人を含めて。私は、マイケル・アメス氏に基調講演をお願いし、彼は快諾してくれた（その後、二〇〇〇年一〇月、アメス氏は、私を国立日系カナダ人ミュージアムの代表として、シンポジウム「多様な人々のための多様な人々によるミュージアム構想」に参加するよう招待してくれた。このシンポジウムは、西部地区とブリティッシュコロンビアのミュージアム協会（所在地：ビクトリア）が開催した会合「ともに描く未来社会」の一部として行われたものだった）。

私が個人的に嬉しかったのは、長男マイケルが妻のドナと初孫のサラを連れて、わざわざウィニペグからやって来て、オープニング・セレモニーと夕食会に参加してくれたことだった。また、存命中だった母も来てくれた。弟ケンジも姪のブレンダ（姉キクコの娘）と一緒に来てくれた。

私の妹ケイコ・ミキ（一九四二年の強制移住の時には、まだ生後四〇日の赤ん坊で母がトラックの後ろに積んで強制収容地まで運んだ）は、日系カナダ人協会の会長として、夫のアート・ミキらとともに駆けつけ、日系カナダ人センターのオープンを記念するテープカットに参加してくれた。

こうして、国立日系カナダ人ミュージアムのオープンは、私たち家族一同にとっても記憶に残るセレモニーになった。

しかし、国立日系カナダ人ミュージアムは、私や少数のボランティアが楽天的に考えていたほど順風満帆には進まなかった。実は、オープンの翌年、私は何人かのスタッフと一緒に、ミュージアムの持続的発展に向けた五カ年計画を練っていた。しかし、その計画が日の目を見ることはなかった。

＊＊＊

振り返れば、オープンの前から不安な兆候があった。すでに述べたように、私は最初一九九八年からボランティアとしてミュージアム設立のために働き出し、翌一九九九年には主任監修者／キュレーターのポジションについた。しかし、オープニングの少し前から、ミュージアム運営委員会の副委員長が会合のたびに、私に対して批判的な意見を言うようになった。その副委員長は、オープニングの後、委員長に就任し、（私を含む）専門スタッフやボランティアへの不満を表明するようになった。それは、明らかにミュージアム運営に関する彼の理解不足を示していた。

そのような状況の中、ある優れた専門家が運営委員会に加わった。その専門家のアドバイスにより、委員長は、スタッフとの悪化した関係を修復しなければならないと考え、数人の運営委員の協力を得て、委員長とスタッフの間に立つ「中間委員会」を設置することにした。この中間委員会を挟むことによって、経営側（委員長）と実務者側（展示監修者）の軋轢をなくそうとしたのだ。しかし、中間委員会の設置をアドバイスした専門家は、個人的な事情により退職、中間委員会は翌年の総会で辞任した。

私は自分なりに運営委員長との関係を修復しようと努力はしたが、むしろ関係は悪化するのみだった。たとえば、ミュージアムのプログラムを充実させるために資金獲得に努めたり、運営委員長との関係修復を意図した運営委員やスタッフの教育を行おうとした。しかし、そのような努力は功を奏すことなく、運営委員長が運営委員会を一方的にコントロールしたいという動きを止めることはできなかった。

二〇〇二年、私は主任監修者／キュレーターのポジションを辞任した。私は、ミュージアムの使命を貫こうと最後の最後まで辞任には踏み切らなかったが、ついに手が尽きた。運営委員会も、「出る杭は打たれる」という雰囲気で満ちていた。そのような雰囲気は、強制収容で植え付けられたという人もいる。しかし、強制収容から何年経つのか？　いまだに、それが言い訳になるのか？　かりに、強制収容の後遺症だとしても、仲間への冷淡さに繋がるのを許していいのか？　（訳注：強制収容、分散政策によって、日系カナダ人は集住して目立つことなく、散り散りになってひっそりと生きていくことを強いられた。つまり、目立つ「出る杭」にはならない生き方が強いられたのだ。）

日系カナダ人が耐えてきた強制収容の困窮と精神的苦痛。多くの人々に強制収容の事実を知ってもらう道のりは、強制収容そのものの苦難の繰り返しなのか。

この数年間の自らの経験を通じて分かったことがある。それは、自己主張の強い女性は、問題解決者ではなく、トラブルメーカーと見なされるということ。一方、自己主張の強い男性は、リーダーと見なされること。私は認識した…女性差別をする人から「トラブルメーカー」と呼ばれるのは喜ぶべきことであり、一種の賛辞として受け取るべきなのだ、と。

国立日系カナダ人ミュージアムの主任監修者／キュレーターを辞した後、多くの人々から励ましの言葉をいただいた。たとえば、歴史、芸術の分野で指導的立場にある人たちや、全国日系カナダ人協会やバンクーバー全カナダ日系人協会から、公に、あるいは私的に励ましの手紙をいただいた。それは、私個人への励ましと言うよりも、国立日系カナダ人ミュージアムの健全な成長を願うが故の励ましだった。

二〇〇三年七月、全国日系カナダ人ミュージアムは日系カナダ人センターと合体、日系カナダ人センターの一部となった。私は、一本化された運営委員会の委員長になるよう誘われた。それは、私がミュージアム在籍中に企画したが、退職によって実行されていない二つの展示会を実現して欲しいという期待もあったからだ。二つの展示会のために私が在職中に集めた資金は、ほとんど枯渇していた。これではミュージアムの信用が失墜してしまう、と私は危機感を募らせた。

オープンに向けて全力を傾けたミュージアムを何とかしなければ。選択の余地はなかった。ミュージアムに戻って、二つの展示会を実行する、これしかなかった。とくに、二つの展示会のテーマは、私個人にとってだけではなく、日系カナダ人の戦前史を保存する上で非常に重要だった。

二つの展示会の一つ目「野球場を平等の場に…バンクーバー・アサヒ野球チームの遺産」は、パット・アダチの著書「アサヒ：野球の逸話」（一九九二年）に刺激されて企画したものだった。ミュージアム在籍中に私が、この展示会のために集めた資金はほとんどなくなっていた。そのため、展示会と同時に出版しようと計画していた本や記録集の刊行はあきらめざるをえなかった。

当時ミュージアム運営委員会のメンバーであったエルマー・モリシタ氏とジョージ・オイカワ氏はともに野球に詳しく、展示会の準備に進んで協力してくれた。そのおかげもあって、二〇〇四年、アサヒ野球チームの展示会を開催することができた。その展示会は、バンクーバー・ミュージアムでも開催され、続いて全国の数カ所でも開催された。

二つの展示会の二つ目「シャシン…一九四二年までの日系カナダ人の写真展」は、ビクトリア大学芸術学部との共催で開催した。芸術学部は、ブリティッシュコロンビア・ミュージアム協会での私の講演を聞いて、大規模な歴史展を共同開催しようと提案してきた（展示会「シャシン」は、その提案を受けて実現した）。同大学の人文社会科学研究所の資金援助も得ることができた。さらに、私の助手として、若手のスタッフも派遣してくれた。
この展示会のために資料収集をする中で、私の目を引いたのは、一八八〇—一九三五年、バンクーバー島のカンバーランドという村にあった、ある写真スタジオだった。そのスタジオ「ハヤシ写真館」は、日系移民のセンジ・ハヤシ氏によって開設され、その後、キタムラという名の写真家、さらには、トクタロウ・マツブチという写真家によって引き継がれた。彼らの写真は、現在、カンバーランド・ミュージアムに収蔵されている。

私が以上の写真家の存在を知ったのは、ミッヂ・アユカワ氏が紹介してくれた一冊の本を読んだからだった。その本は、日系カナダ人ミヨコ・クドウの「幻の町、幻の女」と題する本で、ブリティッシュコロンビア大学のアジア研究図書館に収蔵されていた。クドウ氏は、ある女性の生い立ちを綴るために、カンバーランドの写真を使用していた。

カンバーランドの写真館を調べる過程で、私は、一八九五—一九四二年頃の他の写真館、あるいは当時ブリティッシュコロンビアで活動していたフリーランスの写真家にも関心をもった。

展示会「シャシン」は、まず二〇〇四年、ビクトリアのロイヤル・ブリティッシュコロンビア・ミュージアムで開催され、次いで国立日系カナダ人ミュージアム、さらに他の地域のミュージアムでも開催された。立派なカタログも刊行された。

二〇〇二年に国立日系カナダ人ミュージアムを去る以前から、二つの展示会のテーマについて種々の会合で講演していた。いずれの講演も手応えがあった。これらのテーマをさらに研究していく人が現れるに違いないと確信できた。実際、私が確信したとおり、展示会から数年のうちに、バンクーバー野球チームとカンバーランドの写真館に対する関心が盛り上がり、それらに関する映画や著述が相次いだ。

「国立日系カナダ人ミュージアム」…これが、私が、ボランティアとともに、また国立ミュージアム協会のアドバイスや援助を受けて二〇〇〇年九月二二日（日系カナダ人戦後補償記念日）に発足したミュージアムの「正式」名称だった。しかし、今では、「国立日系ミュージアム」と呼ばれている。つまり、「日系カナダ人」という言葉が使われなくなったのだ。「日系」とは、「日本人を先祖に持つ外国在住者」一般を指す言葉だ。「カナダ」の日系カナダ人に対する差別をなくしたいという私たちの思いはどこかに行ってしまった。

以上に関連して、一つだけ思い出を紹介しておきたい。二〇一四年、バンクーバーの日本領事が日本・カナダ関係の歴史について講演を行った。私は、講演後の質疑応答の時間に、「米国やカナダには多くの日系人が住んでいることを知りながら、なぜ日本は宣戦布告をしたのですか」と質問した。

日本領事の答えはシンプルだった…「それは日本人にしか分からない」。領事の口から出た、この言葉は私の胸に深く突き刺さった。彼は正しい。私たち日系カナダ人はもはや日本人ではない。私たちはカナダ人なのだ。私たちは、これを忘れてはならない。私たちが何をさておき、第一に忠誠を尽くすのは、この国、すなわちカナダなのだ。

繰り返しになるが、日系カナダ人の歴史を記憶にとどめるために建造したミュージアム「国立日系カナダ人ミュージアム」が、「日系ミュージアム」と呼ばれるようになったのは残念なことだ。どうしてこうなってしまったのだろうか。

＊＊＊

上で述べた二つの展示会を引き受けようと考えていた頃、バンクーバーの（母が信仰していた）浄土真宗の僧侶から、第五回西本願寺平和会議（二〇〇三年一二月、滋賀県で開催）で講演して欲しいとの依頼があった。私は、それを快諾した。

日本では、二人の僧侶から心暖まる歓迎を受けた。二人のうちの一人は学生僧侶になる前アルバータ州に滞在した経験の持ち主だった。もう一人、テツヤ・ウノ氏は、以前、私に会いに国立日系カナダ人ミュージアムに来たことがあった。日本滞在中、滋賀県にあるウノ氏の寺に招かれ、家族とともに楽しい時間を過ごした。日本の空港で出迎えを受け、できたばかりの京都駅ホテルに一泊し、翌朝、ウノ氏の車で会議場に向かった。その途上、ウノ氏はいくつもの名所に立ち寄ってくれた。とくに、大きく美しい琵琶湖は記憶に残っている。

講演のタイトルは、「過去の記憶とは？　日系カナダ人への戦後補償問題の教訓」。通訳をつけてくれることになっていたので、最初、英語で原稿を準備した。しかし、日本語の方が聴衆にとって親しみがあるのは当然だったので、最終的には日本語で講演を行った。でも、質疑応答などをすべて日本語で行うのは無理なので、やはり通訳が必要だった。私は、バンクーバーの友人で、優れた研究者でもある鹿毛達雄氏に通訳を頼んだ。私は、いくつもの写真をスライドで映しながら講演を行った。聴衆はなんと八四〇人だった。

日系カナダ人の歴史を日本人に語る…すばらしい経験だった。戦時中の強制収容をめぐる私個人と家族の体験、戦後補償を求めた運動、カナダ首相による謝罪（一九八八年九月二二日）について熱っぽく語った。

この平和会議は、マスコミに大きく取り上げられた。聴衆の反応も印象的だった。たとえば、講演の終了後、一人の男性が私のところに来た。実は、彼は、スライドで映した写真（強制的に本国送還された家族の写真）に映っていた少年だったのだ。後日、母親と兄姉はカナダに戻ったが、彼だけは日本に残り結婚、子どももいるとのことだった。

日本が真珠湾を攻撃し、一九四二年カナダが日本に宣戦布告した後、日系カナダ人の間で何が起こったのか。ほとんどの日本人は、それを知らない。ましてや、一九四二年（戦前）までの日本人に対する人種差別など知るよしもない。そんな日本人が知らない事実について、私が初めて語ったのが、上記の平和会議だった。その後、私は日本に招待されるたびに、主として東京や大阪で、この種の事実について講演することになった。

西本願寺平和会議の目的は、主催者である浄土真宗が戦時中に戦争を推進したことに対して懺悔の意を表明することであった。以下は、浄土真宗の宣言文からの抜粋である…「一九九四年八月、われわれは、国の違いを問わず第二次世界大戦の犠牲者を悼み、一五年間にわたる戦争の苦難を偲びつつ、第五〇回追悼式典を開催した。さらに、翌一九九五年の七月五日には、戦後五〇周年を銘記し、戦争なき世界平和を祈願して第一回平和会議を開催した」。

第一六章

見通せぬ不安

二〇〇二年一月、国立日系カナダ人ミュージアムを退職後、ストレスがもたらす病気にさいなまれた。振り返ってみれば、ミュージアム在職時は仕事中毒だった。ただし、仕事はすべて楽しかったので、ストレスと感じたことはなかった。

ミュージアムを退職して間もなく、私は別のアパートに引っ越した。しかし、引っ越した直後から、悪夢にうなされ早朝に目が覚めるようになった。歳のせいだろうかとも思った。それとも引っ越しのせい？　いや、引っ越しそのものではなく、引っ越し以前、つまり在職時のストレスが原因だろうという結論に至った。

二〇〇二年の秋、ミュージアム在職時の激務の余波だろうか、頭の右側から鼻にかけて痛みが走るようになった。不思議なことに、痛みが走るのは皮膚の表面だけで、すぐに消える。友人は、ヘルペスではないかと言った。しかし、ヘルペスならば水疱状の発疹が出るらしい。私の顔には赤い発疹はいくつかあったが、どちらかと言えば乾いてカサカサしていた。

私は、通常とても健康で、父と同じく風邪などひいたことがなかったが、今度ばかりは医者に頼った。しかし、一年あまり何人かの総合医に診てもらったが、確たる診断は得られなかった。痛みはひどくなった。そこで、神経科医に診てもらったところ、三叉神経痛と診断され、鎮痛剤を処方された。鎮痛剤によっていささか痛みが和らぎ、日々の生活に大きな支障はなくなった。

この年、私は息子に次のような手紙を書いている。

神経科医の診断によると、私の病気は三叉神経痛とのこと。きっと在職中のストレスが原因でしょう。十分な休息を取ること、規則正しく食事をすること、これを心がけています。でも、顔と頭の右側が痛み、歯も磨けない日や髪をとけない日もあります。

この痛みとは、ずっと付き合っていかないといけないのでしょう。医者が言うには、症状は悪化するかもしれないが、治療の施しようがないとのこと。…鎮痛剤しか手立てがありません。それ以外には、あまり痛みを気にせず、痛みが和らぐのを祈ることしかありません。

二〇〇四年、日本にいる息子デイヴィッド家族を訪問した。こんな健康状態では、先々日本を訪問することなどできなくなると思ったからだ。

日本から戻ると間もなく、展示会「野球場を平等の場に…バンクーバー・アサヒ野球チームの遺産」が開催された。私はオープニング・セレモニーで歓迎スピーチをしたが、顔の赤い発疹を隠すために厚化粧をした。

同年九月のある朝、ジェリコ海岸まで車で出かけた。丸太の上にタオルをしいて座り、新聞を広げた。新聞には、もはや自分の手から離れた国立日系カナダ人ミュージアムの近況が報じられていた。さわやかな風、温かい日差し、カモメの鳴き声、バンクーバーのビル街から山岳地帯にかけての風景。しばし痛みを忘れ、心が安らいだ。

それから数ヵ月の間に、健康状態はさらに悪化した。しかし、精神科医は手のうちようがないようだった…「これ以上の治療はできません」。病気と付き合っていくしかない、こう思わざるをえなかった。でも、そんなことができるだろうか？

友人の勧めで操体法の実践者コシ・オゼキ氏の指導も受けてみた（訳注：操体法は橋本敬三医師（一八九七〜一九九三）が考案した健康法で、代表的なやり方は体操のように動きながら全体のゆがみを整えていくというもの）。操体法は、身体に負荷をかけずに整体や、筋肉の緊張緩和を行い、心臓治療も意図した治療法だった。この治療法によって三叉神経痛が改善されたわけではなかったが、自分の身体と精神を見つめ直すきっかけにはなった。それで、海岸に行って浜風を感じながら心を癒すといったことも始めた。

海岸で浜風にうたれていると、おなかがすく。ハンバーガー、フィッシュアンドチップ、寿司などが食べたくなる。しかし、口を開けようとすると、右顔面に痛みが走る。

どうしてこんなになってしまったのか？　食物を細かく砕きスプーンで口の左側に入れる。決して好きではないポリッジ（粥の一種）やスープが、メニューの上位を占めるようになった。また、便秘にも悩まされた。友人ヴィヴィエン・ニシの勧めで、ミキサーを買い、いろいろな食品をミックスして喉に入れ、便秘の防止に努めた。ヴィヴィエンは、気分転換になるようにと沖縄の歌を収録したCDをくれたりもした。私は、調子が悪い時には、そのCDを大きな音で聞いた。

ヴィヴィエンは、三叉神経痛の患者グループの連絡先も見つけてくれた。私は、バンクーバー、ローワー・メインランドで患者グループを支援していたアン・ホプキンス氏に連絡を取った。早速、私は患者グループの会合に参加した。会合には驚くほど多くの患者が参加していた。その折、アンは、神経外科医クリス・ハニー氏の講演録をくれた。それを読むと、私の体内で何が起こっているのかが理解できた。

私は、三叉神経痛の薬を毎日二錠飲んでいたが、二〇〇六年秋には、痛みがひどくなったので、毎日三錠に増やした。元来、私は薬とは無縁だった…インフルエンザにでもかからない限り、アスピリンのような薬さえ飲んだことはなかった。その私が投薬量を増やすのは危険なことだった。もはや、痛みの合間を縫って仕事をするのは無理になった。私は、週に二日、日本語から英語への翻訳について日本人学生を指導するのを楽しみにしていたが、それも無理になった。

それでも、孫たちと一緒にクリスマス休暇を過ごしたいという気持ちは捨てられなかった。例年どおり、クリスマスが近づくと飛行機でウィニペグに行った。四人の孫のうち、上の二人サラとサミュエルは法廷弁護士になる道（彼らの両親が歩んだのと同じ道）に進もうとしていた。また、下の二人アイザックとアヴァも、それぞれの進路を考え始めていた。

クリスマスになると、日本にいる次男家族が電話をくれた。次男の息子（私の孫）ジャミルは、日本生まれの日本育ちだが、近々カナダに来て私と同居し、ランガラ・カレッジに通う予定だった。

このように、私の病気を除けば、家族は、それぞれの人生を着々と歩みつつあった。それは、私にとって大いなる誇りであり、喜びだった。クリスマスと言えば、ターキー・ディナー（七面鳥の丸焼き）。私は、毎年、それを楽しみにしていたが、今年は食べることができなかった。ターキーは義娘ドナが料理し、サイドディッシュは妹ケイコとその夫アートが持ってきた。クリスマス・ディナーには、私の前夫（マイケルとデイヴィッドの父親）も参加した。家族が一堂に会した楽しいひとときだった。（訳注：著者が家族と別居した後、夫とは離婚したようだ。）

クリスマス・年末休暇が終わり、二〇〇七年一月、私はバンクーバーに戻ったが、病気は一層悪化した。声が出なくなったのだ。インフルエンザにかかったわけでもなく、原因は分からない。声が出ないので、誰かに電話することもできない。しかし、幸いなことに、Eメールが使える時代。私は、親友のヴィヴィアンにメールを出し、病状を伝えた。彼女はすぐに駆けつけてくれた。

かかりつけの神経科医は休暇中で不在だった。しかし、幸運なことに、かかりつけの総合医の診察を受けることができた。彼は、新しい鎮痛剤を処方すると同時に、バンクーバー総合病院神経外科のトップであるギャリー・レデコップ医師を紹介してくれた。レデコップ医師は、初めて手術を提案してくれた人。

この頃までには、まともに食事ができないため、体重も落ちていた。かかりつけの総合医は栄養士を紹介し、栄養不足を防ぐために食事の内容やカロリー計算に関する情報を得るよう指導してくれた。

あえて楽観的になるのを押さえつつ、ヴィヴィアンに付き添われてレデコップ医師の診断を仰いだ。彼は、まだ若い医師だった。真摯な態度で私を迎え、問診を行った。「まずＭＲＩを撮りましょう」と言い、数日内に撮影の予約を入れた。

レデコップ医師の問診に続いて、彼のアシスタントがいくつか私に質問をした。職業についても質問されたので、日系カナダ人に関する展示会のキュレーターをしていたことや、つい最近までは英訳の指導も行っていたことを答えた。また、全カナダ日系人協会の会長にも選出されていたが、病気のために辞退せざるをえなかったことも伝えた。

ＭＲＩの撮影が終わり、再びレデコップ医師と会った。彼は、撮影画像を示しながら、私の頭で何が起こっているのか、何が原因で痛みが起こるのか、痛みをなくすにはどうしたらよいのか、を懇切丁寧に説明してくれた。彼は、手術を勧めた。手術の成功率は九九％、その時点の健康状態からして大きな問題は起こらないはずだと説明してくれた。

手術を受けることに何のためらいもなかった。この時点では、死を恐れる気持ちはなかった。すでにすばらしい家族と友人に恵まれた。もちろん、もうやり残したことはないかと言えば嘘になる。でも、この痛みに耐えてまでやりたいのかと問われれば、明らかに「ノー」だった。

手術が終わった。目が覚めると、医師は、私の指を鼻に触れさせながら何か言った。私の最初の返事は、「痛みがなくなりました」。信じられなかった。まさに奇跡的！私は、今や「バイオニック・ウーマン」。神経と動脈の間にテフロン状のパッドが挿入され、両者の摩擦によって生じていた痛みが除去された、というのが私の理解である。

こうして五年近く続いた痛みから解放された。のちに聞いた話だが、数時間の手術中、ヴィヴィアンは病院の待合室でずっと無事を祈っていたそうだ。手術が成功した瞬間には、本当に嬉しかったと聞いた。

手術の後、息子マイケルがウィニペグから見舞いに来てくれた。彼は、私のために選び抜いた食べ物を病室に持ってきた…そのひとくち、ひとくちはなんとも言えなかった。私が退院すると、マイケルは、私の新しい第一歩を祝う盛大な夕食会を開いてくれた。彼は、夕食会で私の友人たち、とりわけヴィヴィアンに対して心からの謝意を伝えた。夕食会の時には、次男デイヴィッドが日本から電話でお祝いの言葉を送ってくれた。

こうして私は生まれ変わった。さあ、人生の新しい第一歩だ！

第一七章

日系カナダ人コミュニティ

話は、一九九四年、私がバンクーバーに到着し、バーナビー・アートギャラリーのキュレーターに着任した時にさかのぼる。当時、私は、グレーターバンクーバーの日系カナダ人協会の運営委員会に名を連ねた。その目的は、幼少期を過ごしたバンクーバーの日系カナダ人との接点をつくることだった。

その後、私は国立日系カナダ人ミュージアムに職を得たが、その職を去った後、全国日系カナダ人協会（NAJC）の理事会メンバーに選出された。当時、NAJCにとって二つの重要案件があった。

その一つは、二〇〇五年五月、オタワで新しく発足した「カナダ・戦争ミュージアム」への対応だった。ミュージアム発足の数週間後、NAJCの理事長（当時）ヘンリー・コジマ氏のもとに、ある日系カナダ人退役兵から連絡が入った。それは、「ミュージアムの第二次世界大戦のフロアに、日系カナダ人の強制収容のパネルは展示されているが、第一次・第二次世界大戦に日系カナダ人が入隊・参加したことには何も触れられていない」という連絡だった。

その連絡を受けて、私がNAJC理事の一人として「カナダ・戦争ミュージアム」を訪問した結果、日系カナダ人の入隊・参加に触れられていないのは単なる手落ちではなく、日系カナダ人の歴史が正しく理解されていないのが原因であることが分かった。私は、日系カナダ人退役兵である学識経験者と連れだって、再度ミュージアムを訪問。二人の学識経験者、アン・ゴーマー・スナハラ氏とロイ・ミキ氏がリーダーシップをとる形で、展示を変更するよう要求したが、ミュージアムの反応は遅々としたものだった。二〇一〇年九月、私たちは、「責任の所在…日系カナダ人の歴史に関するカナダ政府への提言」と題する提言書をスティーヴン・ハーパー首相に提出するとともに、マスコミにもリリースした。この提言書のおかげで、「カナダ・戦争ミュージアム」は当方の要求どおりに展示内容を変更した…その変更の過程は、オタワ在住のスナハラ氏によって最後まで見届けられた。現在、私たちが提出した提言書はカナダ政府によって保管され、誰でも閲覧することができる。

「コミュニティが監視を怠らないこと」、これがコミュニティの正しい歴史を保存するために必要なのだ。

当時、NAJCにとって重要だった二つの案件の二番目は、公共事業・公共サービス大臣マイケル・フォーティアの見解だった。その見解とは、「バンクーバーの繁華街ブラード通り四〇一にオープンする新しいビルの名前を、元首相ハワード・グリーンにちなんだ名前にする」という見解だった。

ジョン・ディーフェンベイカー政権下で閣僚だったグリーン氏が著しい貢献をなしたのは異論のないところだ。とりわけ一九五九年から一九六三年にかけての外交に対する国務大臣としての功績について、ハーパー首相は次のように述べている…「グリーン氏は、軍備縮小と世界平和の偉大なリーダーとして、国際問題の解決と全人類の平和のために貢献した」

しかし、ハーパー首相は、グリーン氏の大きな失敗を見逃している。すなわち、グリーン氏は、一九三〇年代から一九四〇年代にかけて、ブリティッシュコロンビアとバンクーバーの政治家と手を組み、日系カナダ人に対する呵責なきまでの恐怖政治を行ったのである。彼の感情むき出しの発言は、当時の新聞記事や雑誌に残っている。彼は、戦後になって「平和」のリーダーとして名を売ったが、日系カナダ人コミュニティには何の謝罪発言もしていない…強制収容や強制移住を推進したことや、戦後の西海岸帰還に反対したことについては、ひと言も反省の意を表明していない。

ヘンリー・コジマ氏は、フォーティア大臣に宛てた二〇〇六年一〇月四日付けの書状で次のように述べている…「一九八八年、ブライアン・マルルーニ首相率いる保守党政権が誕生し、第二次世界大戦以前および戦時下に日系カナダ人に対して行った不正と差別を謝罪したことを考えると、今回の件（新しいビルにグリーン氏にちなんだ名前をつけること）は皮肉にさえ見える。なぜならば、現在二〇〇六年、同じ保守党政権が、不正と差別を推進したブリティッシュコロンビアの政治的リーダーだった人物（グリーン氏）の名誉を守ろうとしているからだ」

命名の再考を促すＮＡＪＣの要求に対して、二〇〇六年一二月、フォーティア大臣は委員会を再招集した。再招集された委員会では、新しいビルに「ハワード・グリーン」の名をつけることに反対する意見が、次の人たちから述べられた…ロイ・ミキ氏（優れた学識経験者、詩人であり、「戦後補償…日系カナダ人による正義の要求」の著者）、メアリー・キタガワ氏（グレーター・バンクーバー全カナダ日系人協会の人権委員会メンバー）、それに加えて私自身（全国日系カナダ人協会会長）。

二〇〇七年九月七日、新しいビルの名称は「ダグラス・ユング・ビル」に変更することが決定された。その名称は、中国系で初の国会議員ユング氏にちなんだものであった。ユング氏は、一九五七年から一九六二年にかけて、「バンクーバー・センター」運営の中心を担った。

以上、当時のＮＡＪＣにとって重要だった二つの案件について述べてきたが、これら二つに並んで重要だったのが、二〇〇八年九月一九—二一日にバンクーバーで開催した日系カナダ人戦後補償二〇周年記念祝賀会だった。私は、ＮＡＪＣ会長として祝賀会の準備・運営に当たった。多くの日系カナダ人の仲間、全国から集まったボランティアが手伝ってくれた。シンディ・モチヅキ氏は、アシスタントとして私を支えてくれた。祝賀会では多種多様なイベントを行った。会場にはアレクサンダー通りにあるバンクーバー日本語学校や日本ホール、バーナビーにある日系カナダ人センターやアラン・エモット・センターなど、さまざまな施設を使用した。これらの施設を使い、また公的・私的な資金援助も得て、多くのワークショップを開催した…テーマは、歴史、人権、移民、コミュニティづくり、異文化間交流、等々。

祝賀会は、日系カナダ人センターで開催された大規模なバンケットで最高潮を迎えた。バンケットには、祝賀会に協力した多数の日系カナダ人はもちろん、市・州・政府の代表者、日本大使、日本領事も出席した。

先住民グワウェヌクの血を引き、先住民寄宿学校の体験も有するロバート・ジョセフ氏が印象深い閉会の辞を述べた。彼は、先住民組織「カナダの和解」の体験を紹介し、いかにしてすべての人々が互いを理解し合い、揺るぎない絆を形成すべきかを熱っぽく語った。（この年、カナダ政府によって「真実と和解を求める委員会」が設立されたばかりだった。）

＊＊＊

二〇一三年、バンクーバー市は、一九四二年の日系カナダ人強制移住に対する謝罪の意を表明した。その折、私は強制移住の歴史を知る一人として、グレーター・バンクーバー全カナダ日系人協会の人権委員会を代表してスピーチをして欲しいと依頼された。強制移住を知らない現在の市議会が今になって「謝罪」してもほとんど意味がない。そう感じた私は、最初、スピーチを引き受けるのをためらった。その理由の一つは、私が、一九四〇年代の連邦政府の命令（日系カナダ人の財産没収・売却、戦後の西海岸帰還の禁止）に対してバンクーバー市議会が果たした役割についてほとんど知らなかったことである。

私は謝罪文の文案に改めて目を通し、一つだけ「誓約」を追加するよう要求した。それは、「日系カナダ人に対して行ったような不正を、いかなる住民にも二度と繰り返さぬよう、市は全力を尽くす」という誓約だった。

この誓約は、バンクーバーの近未来にとって必要だった。現在、バンクーバーのダウンタウン・イーストサイドの住民は、市議会が推進する再開発に反対している。この地区には貧しい住民が多く、再開発されると事実上立ち退きになってしまう。実際、ホームレスが増えつつある現状だ。これでは、弱者の強制移住という日系カナダ人への過ちを繰り返すことになる。

市議会は私の要求を受け入れ、謝罪文に次のような一文を追加した…「現在、そして未来においても、人権、正義、平等の原則を貫徹する」。

日系カナダ人への謝罪に積極的だった市議会議員ケリー・ジャング氏は、ダウンタウン・イーストサイド再開発は貧しい住民を守る形で行うことを約束した。しかし、果たしてその約束は、今後の市議会によって守られるのか。それは、今後の推移を見なければ分からない。かつての日系カナダ人のように立ち退きを強いられることはないのか。あるいは、日系カナダ人よりも前に立ち退きを強いられた先住民の二の舞は避けられるのか。それらの強制立ち退きの根底には根強い人種差別があっただけに予断は許されない。

本書を執筆している二〇一八年現在、バンクーバー市には約二千人のホームレスがいる。街角ごとにホームレスが路上で物乞いをしている。残念なことに、中流階層が減少、貧困層が増加する中で、ごくひと握りの富裕層が所得の大半を得ているのが現実である。

＊＊＊

現在、希望で心躍る最大のこと。それは、多くの若い人たちが自分たちの先祖がたどった歴史に関心を持ち始めていることだ。彼らは大方、四世、五世、あるいはそれ以上で、他の民族との混血である。もはや、自らのルーツが日本であることは認識していない。強制移住の歴史など知る由もない。
一九七七年以来、日系カナダ人コミュニティの老いも若きも協力して「パウエル祭」を開催している。毎年八月の週末に開催される祭りには、初期日系カナダ人のパウエル街定住と、一九四二年の強制移住を偲んで、何千という人々がダウンタウン・イーストサイドに集まる。伝統的あるいは現代的パフォーマンスや、各種の展示が行われる。

毎年、パウエル祭に引き続いて、バンクーバー・アサヒ野球イベントが開催される。二〇一八年には、その第一〇回イベントがパウエル球場（現在のオッペンハイマー公園）で開催された。以下は、その折の宣伝文である（パウエル祭実行委員会を代表してアンジェラ・クルーガーが執筆）。

> バンクーバー・アサヒは日系カナダ人の野球チーム。一九一四年から一九四一年まで、日系カナダ人コミュニティだったパウエル街地域でゲームを行った。
>
> 当日は野球観戦を楽しみましょう…バンクーバー・アサヒの野球に対する貢献と、カナダの歴史（人権、市民権、コミュニティの歴史）に与えた影響に思いを馳せながら。
>
> 第一〇回野球イベントは入場無料。誰でも自由にご参加下さい。ホットドッグもありますよ。夏の一日を楽しみましょう。

前にも述べたように、私はバンクーバー・アサヒ野球チームの歴史を調査し、二〇〇四年、国立日系カナダ人ミュージアムで展示会「野球場を平等の場に…バンクーバー・アサヒ野球チームの遺産」を開催していた。そのせいで、私は、この野球チームの「専門家」に祭り上げられ、バンクーバー・アサヒに関連するイベントがある度に、スピーチを依頼されるようになった。

名誉なことに、バンクーバー・アサヒの映画を制作したいという要望が数社からあった。一番最近では、アサヒのリーグ初優勝（一九一九年）百周年を記念した「ヘリテッジ・ミニット」（ヒストリカ・カナダ社）が制作された。

映画と並んで、一冊の本がバンクーバー・アサヒの歴史をとどめるきっかけになった。それは、日本人スポーツ・キャスター、後藤紀夫氏の著作「バンクーバー・アサヒ物語」（岩波書店、二〇一〇年）であった。

この本は野球の本だが、重要なテーマは、バンクーバー・アサヒという日系カナダ人チームがとった「頭脳野球」という方法だった。戦前、チームのメンバーもその家族も、ことごとく人種差別と戦っていた。野球場でも、アサヒに対してはカナダ人観客から差別的なヤジが飛んでいた。その差別を何とか乗り越えようと考案されたのが「頭脳野球」だったのだ。「このような本ならば、若い世代を引き付けることができる」、私は、そう確信した。数年間を要したが、同書の英訳版をカナダで出版する許可を得ることができた。この出版には、全国の日系カナダ人から賛同の声が上がり、翻訳料に対する寄付が相次いだ。日系カナダ人研究会が、スポンサーに名乗りをあげてくれたことが、全国的な賛同の口火となった。

最終的には、すばらしい翻訳家マサキ・ワタナベ氏を見つけ

バンクーバー・アサヒ野球チーム（一九一四〜四一年）

ることができたが、その道のりは結構大変だった。その道のりでは、幸いにも野球の熱狂的ファンであり野球チームの管理にも長けたエルマー・モリシタ氏の援助を得ることができた。翻訳が進み、次の段階、すなわち、印刷・出版費用を捻出するための資金集めにとりかかった。こうして、二〇一六年、ようやく英訳版の刊行にこぎつけた。

英訳版は、私の予想を裏切らず、年齢を超えて多くの人々に読まれている…私は英語版の出版を誇りに思っている。二〇一九年、ティーンエイジャーで構成するニュー・アサヒ野球チームが訪日。訪日に先立って、チームの歴史を知ってもらいたく、チームメンバーの一人一人に英訳版を進呈した。英訳版は、現在、バーナビーにある国立日系ミュージアムと文化センターのギフトショップで販売されている。

再び話を映画に戻そう。二〇一四年、日本映画「バンクーバーの朝日」の撮影のため、監督を含む撮影チームがカナダを訪れ、私たちと面会した。監督は著名な石井裕也氏だった（石井氏は作品「舟を編む」で二〇一三年日本アカデミー賞を受賞している）。

「バンクーバーの朝日」は、二〇一四年九月のバンクーバー国際映画祭で初公開された。石井監督は、最近の手紙の中で、この映画の制作について次のように述べている…「戦前の二世の声を聴取するのは、自分自身にとっても、また現在の日本人にとっても大きなチャレンジだった」彼は、ケイ・カミニシ氏（戦前、アサヒのプレイヤーで、生存する唯一の人物）初め、カナダ在住の多くの人たちから助言を得た。「どこまでアサヒの歴史を描けるか」、これにとことん取り組む中で、彼は、単にアサヒの歴史を描くのを超えて、アサヒの「精神」が重要なことに気づかされた。アサヒの精神を描くことによって普遍的なストーリーを紡ぎ出すことができる。そのストーリーは、もはや日系カナダ人やその他の少数民族ためだけのものではなく、万人の心を揺さぶる強力なメッセージになる…野球を超えた「精神」、これこそ世界中の人々に伝えたいことだ。石井監督は、このように述べている。

また、石井監督は、この映画の制作に関われたことを幸せに思っているとも述べた…「感謝の一語に尽きる。この映画は日本人だけではなく、ぜひ世界中の人々に見て欲しい」と。

以上、バンクーバー・アサヒの映画化に関して、実際に起こったことを紹介した。アサヒという類い希な野球チームについて、また、そのチームがカナダの歴史に持つ意味について、知識を持ち語り合う人は国際的に増加しつつある。

＊＊＊

二〇〇八年頃、私がダウンタウン・イーストサイドで経験したもう一つのイベントに、「バンクーバー・ここ ろフェスティバル」があった。このフェスティバルについては、テリー・ハンター氏（バンクーバー移動劇場のトップ・ディレクター）とサヴァンナ・ウオーリング氏（同劇場の芸術ディレクター）から教えていただいた。初めて移動劇場の演劇を見た時の感動は、今でも忘れることができない。

移動劇場で感動した演劇の一つは、「パンと塩」。それは、ウクライナ系の役者によって演じられた胸が張り裂けるようなストーリーだった…第一次世界大戦中の強制収容を含む初期ウクライナ系カナダ移民の苦闘を描いたものだった。私は、かつてウィニペグにいた頃、ウクライナ系カナダ人と友人になった経験もあった。彼らの「過去」を知ることは、他ならぬ日系カナダ人の強制収容の記憶と共鳴した。

話は少し横にそれるが、二〇一五年、私は、マニトバにあるブランドン大学の教授ロンダ・ヒンザー氏から、ウィニペグのウクライナ労働者寺院で開催されるワークショップ「カナダにおける強制収容…歴史と遺産」に招聘されたことがある。ワークショップの中のパネルディスカッションで日系カナダ人の強制収容について紹介して欲しいという話だったが、同時に、論文も提出して欲しいという要望も受けた。実を言うと、この論文の執筆が、母の手記を本格的に読み直すきっかけになった。母の手記を英訳し、それに私自身の記憶を追加することによって論文を執筆したのだ。ヒンザー教授は、ワークショップ参加者の論文、資料、証言をひとまとめにして、「強制収容体験者に学ぶ多様な視点」という本を出版しようと計画していた。

再び、バンクーバー移動劇場の話に戻そう。上に述べた演劇「パンと塩」以外にも、「ストーリーを紡ぐ」というすばらしいパフォーマンスがあった（二〇一二年）。これは、単なる演劇を超えて、過去を未来に繋ごうとするパフォーマンスであった。私の心は揺り動かされ、その感動を一文にまとめた…その一文は、グレーター・バンクーバー日系カナダ人市民協会の機関誌（ジョン・エンドウ・グリーナウェイ編集）に掲載された。以下は、その一文である。

今日、かつて先住民に対して犯した非道は広く認識されている…また、長らく禍根を残すことになったインディアン寄宿学校制度、失踪女性調査委員会、和解委員会コミュニティ公聴会についても。

しかし、私たちの多くがカナダで生まれ育ったこと、そして、そのカナダが先住民の歴史と植民地化を歪曲化したことは否定できない…先住民の実体験と記憶がカナダの歴史に取り上げられたのは、ごく最近のことだ。長らく先住民は神話の世界に葬られていた。そして、先住民は通常のカナダ人とは「決定的に違う」という固定観念が当たり前になっていた。

「ストーリーを紡ぐ」というパフォーマンスを見ながら、私は涙を抑えられなかった。私だけではない。私の周りに座っていた聴衆は、男も女も、こぼれる涙を拭いていた…事前に書かれたシナリオを演じているのとは違う。まさに現在進行形のシナリオ。いずれのパフォーマーも、精神と身体のすべてをぶつけ、何とか未来の可能性を信じ、ある種の楽観主義を堅持しつつ、目前の現実と戦っていた。

パフォーマーは、ある種の楽観主義を持っていた。では、なぜ私は泣いてしまったのか？　罪の意識か？

先住民が今まで生きてきた環境、あるいは、現在生きている環境に対して、私は何かしてきたのだろうか？「自分とは何者か」、これしか私の頭にはなかったのではないか…先住民と同じく、差別を受けてきたのに。パフォーマンスを見ながら、ダウンタウン・イーストサイドにあった「ホワイト・ランチ」というレストランのことが思い出された。そのレストランの入り口には「先住民お断り」という貼り紙があった。父が「このレストランに東洋人は入れない」と言ったのを思い出す。

私が日系カナダ人の歴史に関心を抱いてから、もう二五年が経つ。文化の違いを超えて人権が尊重されねばならない、いかなる個人も集団も差別されてはならない、私はこう主張してきた。でも、これは「言うはやすし行うはかたし」。差別の完全撤廃をカナダ人全員が実現するのは、決して容易なことではない。

二〇一五年、私は、移動劇場のイベント「潮流に逆らって」に参加するよう誘われた。それは、文化の違いを超えたイベントだった。イベントは、まず、ツォーカム・グループの音楽家・作曲家ラッセル・ワラスの歓迎歌（セイリッシュ族の歓迎歌）で始まり、フィッシュスティック・グループを含むダンサーとドラマーが行進した。このイベントには、多くの人たちが協力した…「バンクーバー沖縄太鼓」を含むバンクーバー太鼓愛好会、芸術監督のジョン・エンドウ・グリーナウェイ、セイリッシュ族・デネ族の芸術家であり、二〇〇九年、先住民語り部としてバンクーバー市長芸術賞を受賞したローズマリー・ジョーガソンなど。

合計六〇人のパフォーマーが一堂に会するイベントが、一晩だけバンクーバー日本語学校／日本センターで開催された。タイトルは、一貫して「潮流に逆らって」。その意味は、流れに逆らって川を上る鮭。日系カナダ人も先住民も、生まれ育ったブリティッシュコロンビアに戻ろうとした…それを妨げようとする社会の潮流に逆らって。

名誉なことに、私は、ジョン・エンドウ・グリーナウェイが創作した詩の一部を、ローズマリー・ジョーガソンとともに朗読した。

グレイス（著者）

鮭は産卵のために海から川をさかのぼる。
さらなる上流に向かって。
銀色だった鮭は大きな紅鮭になる。
五〇もの流れをさかのぼり、峡谷から溢れ、
フォールス川へ、フレイザー川へ。
そして、干潟に戻る。

ローズマリー

「潮が引けば食事の準備」とセイリッシュ族は言った。
土地と海の恵みを受け、大昔から、セイリッシュは堰をつくり、
槍とイラクサの網で鮭を捕る。
鮭の民よ、ありがとう。
鮭を捕ってくれて、ありがとう。
「鮭の骨は海に戻る。来年も再来年も新しい鮭を運んでくれ」。

以上に続いてローズマリーが次のような解説を挟み、劇がスタートした。
今日、私たちはセイリッシュ族固有の領地、ヘースティングスにいる。
日本町。バンクーバーのダウンタウン・イーストサイド。日系ホールにいる。
ここは生きた記念碑。杉や桜の木が並ぶ。すでにこの世を去った人たち、そして、今生きている人たち、

皆の記念碑だ。

パウエル街、オッペンハイマー公園は皆のふるさと。セイリッシュ族、先住民族、日系カナダ人、ラテン民族など、四方八方からやってきた民族のふるさと。

彼らにとっての聖域。記憶を求めて集まる場所。そこには先祖の声がこだましている。

劇は次の言葉で締めくくられた…「増えて永遠に戻ってきますように」。文化を異にする多くの聴衆から拍手が送られた。まさに、芸術ならではのパワー、信頼と愛と感動に満ちた瞬間だった。この瞬間に立ち会えたことを私は名誉に思う。

＊＊＊

二〇一四年、差別や不公正を被ったことのあるバンクーバーの諸団体が人権闘争について議論するために集結した。彼らが被った差別や不公正は多様であった…中国人への人頭税、日系カナダ人の強制収容、ホーガンアレイからの黒人移動、一九一四年の駒形丸事件（インドからの乗船客がバンクーバー港で拘禁された事件）等々。彼らは、再開発に翻弄されるダウンタウン・イーストサイドの住民とともに、ウェスト・コルドヴァ通りの「セイクリッド・サークルの会」に集まった。その会合の結果、「抵抗・持続・包摂」のシンボルとしてトーテムポールをつくることになった。

トーテムポールを彫ったのは、セイリッシュ族・ハイダ族のスクンダール・バーニー・ウィリアムス氏。彼女は、祖母ノニー・アグネス・ウィリアムス氏に育てられ、寄宿学校の体験者でもあった。祖母は、三人の子どもと六人の孫がおり、もう三〇年近くダウンタウン・イーストサイドで暮らしてきた。

スクンダールは、ハイダ族芸術家ビル・リード氏の唯一の女性弟子だった。彼女は、すでに十二のトーテムポールを制作していたが、今回のトーテムポールには格別の意味があった。彼女は、雑誌「ジョージア・ストレイト」（二〇一六年一一月三日）で次のように述べている…「今回制作するトーテムポールはすべての人々の共有財産だ。すなわち、人種差別、植民地主義、性差別、LGBTQ差別、スラム街再開発などの犠牲者すべての共有財産なのだ。これらの差別や不正はコミュニティ全体の問題である。ダウンタウン・イーストサイドに住む人々に、われわれコミュニティの偉大さを知って欲しい。われわれは、決してここを見捨てない。今回制作するトーテムポールは、永遠にわれわれを見守る守護神なのだ」

「セイクリッド・サークルの会」の運営委員であり、マスキーム族の活動家でもあるオードリー・シーグル氏も、同じく雑誌「ジョージア・ストレイト」で次のように述べている…「今、ダウンタウン・イーストサイドで進行中のこと（トーテムポール建造）は何をもたらすか？　政府は、財政的に全力をあげて、これを最優先する。すべての人たちが少しずつ寄付をする。この双方が合わさって、トーテムポールは、まさにウィン・ウィン関係のシンボルになる」。

トーテムポールには一つの詩が彫り込まれた。その詩は、長年コミュニティに身を捧げた故サンディ・カメロン氏の作品。それは彼の生涯の伴侶であり、貧困撲滅の活動家、バンクーバー市議会議員でもあったジーン・スワンソン氏から提供された。その詩は次のとおり。

友よ、君の歌を歌え。君のストーリーを語れ。
われわれが過去から引きずる地図はもう古い。
必要なのは新しい地図だ。

二〇一六年一一月五日、諸団体のメンバーがヘースティングス通りを行進し、トーテムポールをダウンタウン・イーストサイドの中心にあるピジョン公園まで運んだ。皆、正装して式典に参加した。太鼓やダンスが鳴り響く中、トーテムポールはクレーンで慎重に吊され、所定の位置に据えられた。式典には、バンクーバー市役所、ポートランド・ホテル協会、ポトラック・カフェ、バンクーバー移動劇場／こころフェスティバルも参加した。

溢れんばかりの参加者の中には、当時のバンクーバー市長ジョージ・ロバートソン氏もいた。彼は、イベントの中で次のようなスピーチを行った…「私は、この記念すべきトーテムポールが、過去に思いをはせるためだけではなく、歴史教育、とりわけダウンタウン・イーストサイドの歴史を知らない新しい世代の教育のために使われることを願います。私は、その歴史教育を公立学校のカリキュラムに組み込むよう働きかける所存です。歴史を知ることは、未来に向かって変化を生み出すきっかけになるでしょう」（雑誌「ジョージア・ストレイト」（二〇一六年一一月五日）掲載記事より）。映画制作者スザンヌ・タバタは当日の様子を記録映画におさめた。

＊＊＊

私の手記を終えるに当たって、全国日系カナダ人協会第二〇回記念ワークショップ（二〇〇八年）でのチーフ・ロバート・ジョセフ氏の閉会の辞に触れておこう。その閉会の辞の中で、私は、団体「カナダの和解」の名誉大使に指名された。その後、二〇一七年、私は、何人かの仲間とともに、同団体のセレモニーに出席した。チーフ・ジョセフ氏は、皆からチーフ・ボビー・ジョーという愛称で呼ばれていた。彼は、バンクーバー地方のみならず全国の諸団体に声をかけ、「和解と融和」に向けての大きなサークルをつくろうとしていた。和解と融和、それは私が長年追い求めてきた夢だった。その夢が、今、実現しようとしている。少なくとも、実現に向かって大きな一歩が踏み出されようとしている。

チーフ・ジョセフ氏をリーダーとする三日間のワークショップでは、さまざまな人たちの体験を聞き、また私自身の体験を披瀝することもできた。本当に、心躍るワークショップだった。ちょうど時を同じくして、私たちは、バンクーバー仏教会で「五〇人会」を設立した。その設立には、中国系カナダ人のルシール・ワン氏らが協力してくれた。「五〇人会」には、ダウンタウン・イーストサイドの諸団体が参加、もちろん日系カナダ人も参加した。

チーフ・ジョセフ氏のワークショップでは、互いの物語を共有しつつ、何度も涙を拭った。最後の最後まで退席する人は一人もいなかった。「すばらしかった!」、これが別れの言葉だった。

「カナダの和解」のポスターには、「私たちは一つ」と書かれている。思えば、長い旅だった。でも、今や、「すべての人々は一つ」という和解と融和が実現しつつある。今後、「すべての人々のための正義」が実現されるか否かは、私たち一人一人の努力にかかっている。

本書を終えるに当たって、母の手記が良寛和尚の俳句で締めくくられたのを思い出す。母は、最晩年に「散る桜」の境地に至った。母は、相次いで他界する家族を目の当たりにしつつ、この世のはかなさを実感した……「今咲き誇る桜も、明日は散る」と。しかし、私は、母とは対照的な言葉で本書を締めくくりたい。「咲く桜」……家族や友人たちの明るい未来を望みながら、「咲く桜　春の到来　希望の季節」

訳者あとがき

十数年前、突然、一通の英文メールが届いた。よく見ると、カナダ人の姉妹からだった…「あなたと私たちは親戚ではありませんか?」一瞬、目を疑った。

日本では、私の姓「杉万」は珍名奇名であるが、東南アジアでは、発音は別として、アルファベット表記で「Sugiman」という名は珍しくないらしい。おそらく、カナダ人姉妹は、論文か何かで私のメールアドレスを見つけ、日本人かもしれない私にメールを出してきたようだ。

姉妹からの情報、当方の情報(存命だった父の話や仏壇の過去帳など)を総合すると、私たちが親戚であることは疑いようのない事実だった。思い返せば、父から曾祖父(父の祖父)の話を何度か聞いたことがある。曾祖父は、戦前、いとこと一緒にカナダに渡ったらしい。今で言えば、農業留学か? 曾祖父はすでに結婚していたため、二、三年の滞在で帰国したが、独身だったいとこはカナダが気に入ったのか、そのまま定住した。そのいとこを一世とすれば、姉妹は三世に当たる。

その後、姉妹に会いにカナダのトロントに行った。最初、実に不思議な感じがした…姿かたちは同じ日本人なのに、英語しか通じない。どうして、こうなったのだろう? この素朴な疑問は、日系カナダ人、とりわけ、二世、三世について知りたいという疑問につながり、本書を翻訳する動機にもなった。

＊＊＊

本書の通奏低音は「人種差別」である。

概して、日本人は人種差別、民族差別に対して疎い。その理由はいろいろあるだろう。海で囲まれた島国であるために、異なる人種・民族との軋轢をわずかしか経験せずにすんだからか。幸いにも、異なる人種・民族に蹂躙された歴史がなかったからか。

かりに異なる人種・民族との軋轢を経験したとしても、蹂躙（差別）された側にとっては忘れられぬ痛みとなるのに対して、蹂躙（差別）した側は容易に忘れてしまう。古くは豊臣秀吉の朝鮮出兵、近代では韓国併合、中国侵略など。いずれの場合も、蹂躙された側には、蹂躙した側の日本人の想像を超える精神的傷跡が残っている。

本書に登場する日系カナダ人一世・二世は、日本人が蹂躙（差別）された数少ない事例の一つである。戦前、カナダに渡航し、西海岸に集住し始めた日本人（一世）は、当初から白人カナダ人の人種差別を受けた。言うまでもなく、戦争は、日系カナダ人の強制退去、強制収容、財産没収という過酷な政策をもたらしたが、それらの過酷な政策も、すでに醸成されていた日系カナダ人差別があったからこそ実現できたと考えるべきだろう。だからこそ、戦争が終わってもなお人種差別は残り、分散政策がとられることになる。日系カナダ人に市民権が与えられ、移動が自由になったのは、終戦から約四年後のことだった。

一九八〇年代、日系カナダ人は戦後補償請求運動を展開。一九八〇年代末、カナダ首相は戦争中の過ちを謝罪し、戦後補償協定に調印した。市民権の獲得以来、実に四〇年近くが経過していた。しかし、日系カナダ人への戦後補償は、カナダが「白人のカナダ」から「多文化主義のカナダ」へと舵を切る大きな契機となった。

私たちはグローバリゼーションの真ただ中にいる。ただし、わが国の出入国管理の現状を見ると、「難民を差別し、国外退去を迫る」姿勢に驚かされる。日本も難民条約に加盟してはいるが、その難民認定率は〇・三％と著しく低い（ちなみに英国五七％、カナダ五五％、米国一八％、フランス一六％、ドイツ一五％、いずれも二〇二一年）。二〇二一年には、名古屋出入国在留管理局に収容されていたスリランカ女性ウィシュマ・サンダマリさんが、適正な医療を受けられず死亡するという事件まで起きた。

多文化主義国家への道は平坦ではない。本書は、カナダが半世紀近くかけてたどった多文化主義国家への道のりを、差別された側の立場から赤裸々に綴っている。しかも、日本人の血を引くが故に人種差別された立場から。本書が、人種差別・民族差別を身近な問題として捉え、関心を持っていただく一助になることを願う。

謝　辞

原著者の両親の出身地、三尾（和歌山県日高郡美浜町）で、カナダ移民の足跡を伝えるＮＰＯ法人カナダミュージアムの館長、三尾たかえ氏には、本書に登場する一世・二世の方々に関する貴重な情報を提供していただきました。また、三尾氏のご紹介で知り合えた和泉真澄先生（同志社大学グローバル地域文化学部教授）、河上幸子先生（京都外国語大学国際貢献学部グローバル観光学科教授）には、訳稿を精読いただき、移民研究の立場から数多くの重要なコメントをいただきました。とくに、和泉先生には原著者に直接電話連絡をとっていただくという、この上もないご協力も賜りました。

最後に、「訳者あとがき」前半に述べた日系カナダ人三世の姉妹のうち、モモエ・スギマン氏からは、本書を含む日系カナダ人に関する書籍を紹介していただきました。

以上の方々に心より感謝の意を表します。

著者紹介

グレイス・エイコ・トムソン。日系カナダ人二世。生後一九四二年までバンクーバーのパウエル街（バンクーバー、ダウンタウン・イーストサイド地区の一角）に居住、その後、ミント鉱山収容地に強制移住。終戦後の一九四五年、分散政策を受けて、マニトバ州の農村部に移住。一九五〇年、日系カナダ人に対する強制措置が解かれたのち、ウィニペグ市（マニトバ州の州都）に移住。

「自分は何者か」と自らに問いかけつつ、子育てが一段落した後から大学教育を受けた。マニトバ大学（一九七三―七七年）を卒業、英国リーズ大学（一九九〇―九一年）で芸術史の修士号を取得。

一九八三―九八年、さまざまなギャラリーのキュレーターとして、民族の違いによる差別や女性差別の問題に取り組んだ。二〇〇〇年、主任監修者／キュレーターとして、国立日系カナダ人ミュージアムを設立。二〇〇八年には、全国日系カナダ人協会の会長（二〇〇五―一〇年、同協会の全国委員会委員）。

私的には、二人の息子の母親であり、五人の孫の祖母。現在もなお、バンクーバー、ダウンタウン・イーストサイド地区のさまざまな活動に参加している。

訳者紹介

杉万俊夫

1974年九州大学教育学部卒業。同大学大学院、大阪大学助手を経て、1988年より京都大学助教授、教授。詳細はWikipediaを参照。

主な著作は、集団力学研究所のホームページからダウンロードできる。

著者
グレイス・エイコ・トムソン

訳者
杉万俊夫
1974年九州大学教育学部卒業。同大学大学院、大阪大学助手を経て、1988年より京都大学助教授、教授。詳細はWikipediaを参照。主な著作は、集団力学研究所のホームページからダウンロードできる。

Chiru Sakura 日系カナダ人母と娘の旅路 人種差別と強制収容を越えて

2024年7月30日　第1刷発行

著　者——グレイス・エイコ・トムソン
訳　者——杉万俊夫
発　行——日本橋出版
〒103-0023　東京都中央区日本橋本町2-3-15
https://nihonbashi-pub.co.jp/
電話／03-6273-2638
発　売——星雲社（共同出版社・流通責任出版社）
〒112-0005　東京都文京区水道1-3-30
電話／03-3868-3275
Chiru Sakura: Falling Cherry Blossoms: A Mother & Daughter's Journey through Racism, Internment and Oppression
by Grace Eiko Thomson

ISBN 978-4-434-34016-1